Dorothee Sölle · Das Recht ein anderer zu werden

DOROTHEE SÖLLE

Das Recht ein anderer zu werden

THEOLOGISCHE TEXTE

Kreuz Verlag

CIP-Kurztitelaufnahme der Deutschen Bibliothek

Sölle, Dorothee:
Das Recht, ein anderer zu werden: theol. Texte / Dorothee Sölle. – Erw. Neuausg., (1.–10. Tsd.). – Stuttgart; Berlin: Kreuz-Verlag, 1981.
Früher im Luchterhand-Verl., Neuwied, Berlin als: Sammlung Luchterhand; 43
ISBN 3-7831-0632-X

Erweiterte Neuausgabe (1.–10. Tausend) 1981

Gestaltung: Hans Hug
Gesamtherstellung: Ebner Ulm
ISBN 3 7831 0632 X

Inhalt

Vorbemerkung

Das vorliegende Buch ist erstmals als Band 43 der Sammlung Luchterhand im Jahre 1971 erschienen. Die Neuausgabe bringt neben der Berichtigung einer ganzen Reihe von Druckfehlern einen bisher nicht in Buchform erschienenen Beitrag aus dem Jahre 1979: »Wer bin ich? – Texte und Meditationen zur Frage der Identität.«

Macht von unten

Weihnachten ist nicht, wie man uns lange weismachen wollte, so etwas wie »Licht von oben«. Weihnachten ist – mit einem Wort aus der amerikanischen Bürgerrechtsbewegung – Macht von unten. Nicht mehr, nichts Besseres, nichts Höheres. Es gibt kaum ein Fest, bei dem so überdeutlich wird, wie verkommen die christliche Tradition ist, wie sinnentleert und darum gut zu verkaufen. Man kann sich klarmachen, wie solche Sinnentleerung vor sich geht, wenn man beobachtet, mit welcher Konsequenz alle realistischen, plebejischen, niederen Elemente der Weihnachtsgeschichte getilgt worden sind: Vor lauter Stern haben wir uns angewöhnt, den dreckigen Stall zu übersehen, vor lauter Königen die verängstigten Hirten vergessen oder zu idyllischen Schäfern gemacht, und in den Kirchen hört man viel über Lobgesang, aber nichts darüber, wie lange die Wehen bei Maria dauerten und ob sie sehr schrie. Die Geschichte ist sakralisiert worden, ihre Profanität wurde allmählich vergessen, weil es leichter ist, eine heilige Geschichte zum Trost zu benutzen, als von einer profanen zu lernen. Weihnachten ist Macht von unten. Mit Macht meine ich Stärke, Kraft, Freude und Freiheit, die unten ihren Anfang nehmen, die im Stall, auf dem Feld, am Arbeitsplatz sichtbar werden. Macht heißt hier soviel wie das Vermögen, zu erstarken, Freude zu erleben und zu verteilen und Befreiung herzustellen, es ist eine Macht, die sich nicht auf Befehl und Gewalt zu gründen braucht, weil sie nichts mit Herrschaft zu tun hat. Wenn Martin Luther King von »power« spricht – auch in der Formel »black power« –, so ist die Übersetzung »Gewalt« falsch, weil im Amerikanischen »violence« und »power« unterschieden werden. Weihnachten nun, aber vielleicht müssen wir vorsichtiger sagen: Was damit gemeint war, fängt unten an, und Stall und Krippe, die von uns längst sentimental besetzten und von der Weihnachtsindustrie verbrauchten und verkauften Symbole, meinen nichts anderes als dieses »unten«. Es mag sein, daß einige von uns die Frage, was mit Weihnachten eigentlich gemeint sei, nur noch mit Erstaunen und Ungeduld ertragen. Da wir, so meinen sie, die Realität dieser Sache Weihnachten in einer kapitalistischen Wohlstandsgesellschaft ja vor Augen haben – welchen Sinn könnten solche bis zum Überdruß gestellten Rückfragen und Deutungen haben? Dienen sie nicht nur der Verschleierung dessen, was ist? Ich halte allerdings die Konsequenz, die diese Nichtchristen zu ziehen geneigt sind, für falsch, weil ich bezweifle, ob der solchen Einwänden zugrundeliegende Begriff von »Religion als Verschleierung« der hier zu verhandelnden

Sache entspricht und historisch haltbar ist. Sicher ist, daß das Unbehagen an Weihnachten, wie an anderen traditionellen und kommerzialisierten Festen, bei Christen oder bei Nachchristen größer ist als bei Nichtchristen. Das hängt damit zusammen, daß sie bewußt, und viel häufiger unbewußt, von diesem Fest mehr erwarten, als es bieten kann. Sie stehen in einer großen Tradition, in der sie sich nicht zurechtfinden können und mit der sie sich doch arrangieren wollen. Das Unbehagen an Weihnachten, man kann es schon ruhig die Angst vor Weihnachten nennen, greift dabei zurück auf Erwartungen, wie sie in einer christlichen und bürgerlichen Kindheit wohl geweckt werden konnten. Da taucht der begreifliche Wunsch auf, sich noch einmal »wie ein Kind« auf Weihnachten freuen zu können, das heißt, noch einmal so auf einen Tag, eine Nacht, ein Erlebnis hin leben zu können.

Es sind kindheitsgebundene Träume und Sehnsüchte, denen wir dabei nachhängen, wir vergessen das eigene, inzwischen erwachsen gewordene Leben, in dem es doch auch im Mai vorkommt, daß man sich auf einen Menschen wie auf Weihnachten freut. Wir vergessen, daß wir es längst gelernt haben, unsere Spannung, unsere Kraft, unsere Vorfreude, also das, was ich eben unsere Macht genannt habe, in unserem eigenen Leben selber zu realisieren, und daß nur diese Form von Erfüllung, die erwachsenen, selbständig gewordenen Menschen geschieht, den Namen »Gnade« im Ernst verdient. Wir verniedlichen und wir banalisieren die Gnade, wenn wir sie im Modell des bürgerlichen Kindes unter dem Weihnachtsbaum denken, aber die christliche Erziehung, die die meisten von uns genossen haben, verführt zu solchen kindischen und sentimentalen Träumen. Wir erwarten, beschenkt zu werden, obwohl wir schon gelernt haben, daß das Schenken nicht mit Dingen abzumachen ist, sondern nur mit dem Leben selber, das man verteilen oder horten kann. Wir haben Angst vor Weihnachten, weil dieser Tag uns daran erinnert, daß uns die Intensität der Kinder abhanden gekommen ist.

Manchmal kommt es mir so vor, als hätten Christen es schwerer als Nichtchristen, erwachsen zu werden. Die Religion hält in ihnen eine Sehnsucht, einen Anspruch, eine Hoffnung wach, die sich nicht abspeisen läßt und die die uns abverlangte Anpassung an das Bestehende erschwert. In einer Welt wie der unseren, in der Religion keine unzweideutige soziale Ausdrucksform hat, wie sie zum Beispiel die Mönchsorden im Mittelalter darstellten oder einige christliche Gruppen in sozialistischen Ländern sie versuchen, in der die Kirchen eher als »Versicherungsanstalten gegen zuviel Religion« fungieren, bindet sich die Sehnsucht vieler Christen nach Realisierung dessen, was der Glaube erhofft, zurück an die Kindheit und an eine für das Kind richtige, im Erwachsensein aber überwundene Erwartungshaltung, die alles vom anderen und von außen erhofft.

In dieser Erwartungshaltung geraten Menschen in ein fatales Verhältnis zur christlichen Tradition, das mit dem Ausdruck »sich arrangieren«, mit Hilfe von Blockflöten oder Kerzen, noch allzu harmlos umschrieben ist. Das Evangelium selber kritisiert diese Erwartung, weil wir in ihr – und darum ist sie so schwer auszurotten – immer noch in einer vollständig unvermittelten Form auf Gott hoffen. Wir denken uns eine Begegnung mit ihm, ein Wahrwerden seiner Wirklichkeit, eine Veränderung unserer Wirklichkeit, die dann – so träumen wir – mit einem Schlag erfüllt und heil ist. Aber ist es das Evangelium der Heiligen Nacht, das uns dazu ruft, auf das Licht von oben zu warten? Müssen wir uns selber zu Hirten stilisieren, die im Dunkel wandernd den Stern ihrer Träume erblicken? In gewissem Sinne verhalten wir uns zu den Geschichten von Weihnachten wie Voyeurs, wie Leute, die einem Liebesakt zusehen und sich von ihm erregen lassen, ohne eine aktive partnerbezogene eigene Spontaneität zu entwickeln. Tatsächlich ist es beschämend, Voyeur an den Erlebnissen und Gefühlen anderer Jahrhunderte zu sein, deren religiöse Verhaltensformen wir nicht wiederholen wollen, deren Gefühle und Erlebnisse wir nicht nachvollziehen können und die uns fremd bleiben, wiewohl sie eine unvergessene Hoffnung in uns erhalten, aber so, daß sie sie nicht eigentlich brennen, sondern nur glimmen lassen. Man muß diese komplexe Beziehung zur Religion nach zwei Richtungen hin aufarbeiten: Das religiöse Bedürfnis, das sich im Wunsch, Weihnachten zu feiern, ausdrückt, hat seine Wahrheit darin, daß es sich mit der Gegenwart nicht abfindet und wie Kinder »alles« haben will, es verbiegt diese Wahrheit aber ins kindische, passive Erwarten. Es kommt also nicht darauf an, die eigene kindheitsgebundene Sehnsucht einfach loszuwerden und sie durch den unbedenklich genossenen Weihnachtskonsum zu ersetzen, aber wir müssen erkennen, inwiefern diese Sehnsucht zu einer Sentimentalität verkommen ist, die mit dem Evangelium nichts zu tun hat.

Worin besteht denn aber dieses weihnachtliche Evangelium und inwiefern können wir an der Macht von unten, die es verspricht, teilnehmen und von ihr lernen? Es ist eine Aussage, die wie alles im Evangelium einfach und schwer zu machen ist, sie heißt: Gott wird Mensch. Es ist kein Zweifel darüber, was man das Geheimnis des Glaubens nennen könnte, die Kraft, aus der er schöpft. Wo der Glaube in der Geschichte der Christenheit innerhalb der kirchlichen Apparate verraten wurde, da wurde dieser Satz zuschanden, daß Gott Mensch geworden ist; da blieb Gott Gott, der erhabene Moloch, dem zu Ehren Kriege geführt, Ketzer der Inquisition übergeben und Hexen verbrannt werden mußten. Was es bedeutet, daß Gott Mensch wird, das sei hier in zwei Richtungen entfaltet, die erste heißt: Gott wird immer wieder

Mensch, und die zweite: Gott wird immer mehr Mensch. Man muß es in der Gegenwart denken, daß Gott Mensch wird, weil sonst die perfekte, vergangene Aussage, daß Gott einmal Mensch geworden ist, zu einem religiös verdinglichten Faktum wird, einer Art Götzenbild, das keinen Schritt über die anderen Religionen hinausführt und das wie ein Stein gegen andere benutzt werden kann. Der Satz, daß Gott Mensch geworden ist, also die vergangene, perfekte, abgegrenzte Aussage, ist in der Geschichte der Christenheit unter anderem zum Mord an denen benutzt worden, die diesen Satz nicht annahmen, den Juden. Ich meine, das sei ein Grund, diesen Satz zu korrigieren. Es genügt nicht, zu sagen: Gott ist einmal vor 2000 Jahren Mensch geworden, weil man auf diese Weise nur dogmatisch korrekt verfährt, die Menschen aber, die von der Inkarnation etwas haben sollten, wieder mit dem indes längst zum Himmel Emporgestiegenen allein läßt. Das Geheimnis des Evangeliums ist nicht diese auf Vergangenes bezogene Formel, daß Gott früher einmal Mensch geworden ist, sondern daß er immer wieder Mensch wird. Inkarnation ist kein einmaliger Vorgang, der um 30 nach Christus in Jerusalem abgeschlossen wurde; Inkarnation, wenn wir überhaupt wissen, was das bedeutet, geht weiter. Gott wird immer wieder Mensch, auch heute. Wer Gott im Gesicht des Kindes von Bethlehem gesehen hat, der wird kein Kind mehr ansehen können, ohne sich dieses Kindes zu erinnern, nein, Erinnerung ist ein zu schwaches Wort, man kann vielleicht sagen, dem wird Gott immer wieder Mensch, dem begegnet Gott an dem einzigen Ort, wo er nach dem Evangelium begegnen kann: eben nicht im Anstaunen des Universums oder im Kultus, sondern im anderen Menschen. Dann wird unser Stall die Baracke in der Vorstadt und unsere Krippe das Friedensdorf der von Napalm verbrannten Kinder, und wir brauchen Stall und Krippe, Ochs und Esel, Stern und Lobgesang nicht mehr in den ehrwürdigen Häusern der Tradition zu suchen, weil sie so nah bei uns sind, daß sie für uns das Nächste werden.

Weihnachten führt dann die Geschichte, die in der Schöpfung begonnen hat, fort. Dort wird erzählt, wie Menschen das Gesicht Gottes bekommen haben und ihm ähnlich sehen. Weihnachten wird erzählt, daß Gott sich nicht nur nicht scheute, sein Gesicht zu verlieren, weil er es uns gab, sondern daß er auch unser Schicksal teilen wollte – unsere Hinfälligkeit, unser Ausgeliefertsein an die barmherzigen Ochs und Esel, an Kälte und Wind, an andere Menschen und ans Sterben. Alles dieses, was wir tun und erleiden, geboren werden, keinen Platz haben, leiden und sterben, bekommt in dieser Geschichte eine Würde und einen Rang, von dem Menschen außerhalb der Erfahrung Christi nur zu träumen wagen, eben den höchsten. In diesem Kind sind alle Kinder gleichberechtigt und mit der gleichen Chance des ewigen, des wahren Lebens erfüllt. Daß Gott immer wieder Mensch wird, heißt für das Leben jedes Menschen Absolutheit. Geboren werden und Kinder bekommen, arbeiten und essen, weinen und lachen, lieben und sterben bekommen einen Rang, eine Wichtigkeit, einen Ernst, der den Gegnern des Christentums immer lächerlich erschienen ist. Gott wird immer wieder Mensch, darin ist jeder Zynismus abgewiesen, auch der versteckte, der das Leben teilweise bejaht und gelegentlich liebt und es unter Umständen schützt und rettet. Wir meinen das ganze, das unausgeschöpfte Leben, das beschädigt wird, wenn es auch nur zeitweilig oder bedingt als Sache angesehen wird. Gott wird immer wieder Mensch, das bedeutet, daß menschliches Leben nicht dem Zufall, der Banalität oder den Planungsbüros einfach ausgeliefert ist, weil wir in jedem Menschen Gott, wenn nicht erkennen, so doch glauben. »Gott« wäre dabei allerdings immer noch die falsche Chiffre, wenn er als Licht von oben und von außen in eine trübe Welt einfiele und wenn er nicht wahrhaft weihnachtlich gedacht wird als die Macht von unten, die unten anfängt, die Befreiung für alle herzustellen. Denn Gott wird nicht nur immer wieder Mensch, er wird auch immer mehr Mensch. Es ist bekannt, daß dieser Prozeß der Weltgeschichte, in der Gott immer mehr Mensch wird, den meisten Theologen unheimlich ist, so daß sie ihn zu verdächtigen suchen als Abfall vom Glauben. In Wirklichkeit ist hier die Frage gestellt, wie ernst sie die Inkarnation nehmen oder wie weit sie Gott erlauben, sich zu inkarnieren.

Es hat sicher Zeiten gegeben, in denen die Christen ihre Beziehung zu dem Vatergott im Himmel und dem Brudergott auf Erden harmonisch ausgleichen konnten und in denen die Liebe ungeteilt dem Vater und den Brüdern, einem im anderen, gelten konnte. Aber die Regel war diese prästabilisierte Harmonie nicht, die Regel war, daß man den Vater ehrte auf Kosten der Brüder, dem Vater zu Ehren Kriege und Sklaverei betrieb und daß man dem keineswegs inkarnierten, dem unweihnachtlichen Gott Opfer brachte. Dieses Geist- und Himmelswesen, das keines Fleisches fähig ist, ist heute tot in dem Sinne, daß kein Bedürfnis mehr nach seinem Eingreifen besteht. Tot ist der Gott, der nicht Mensch geworden ist. Es gibt zwar noch immer Christen, die meinen, sie müßten sich bei einem Streit zwischen dem Vater und den Brüdern auf die Seite des Vaters schlagen, sie müßten ihn rechtfertigen, statt ihn zu verklagen, oder auch: Menschen verurteilen, statt ihre Verhältnisse zu untersuchen. Die größere Anzahl gerade der jungen Christen in der ganzen Welt geht allerdings einen anderen Weg, den Weg der Brüder. Es mag vielleicht manchem überspitzt erscheinen, aber ich befürchte, es gibt für jeden von uns Situationen, wo er wählen muß zwischen dem ewig thronenden Vater und dem nichts als ein Mensch gewordenen Bruder, zwischen der Sehnsucht nach Geborgenheit und ihrer Erfüllung, die uns religiös übergestülpt wird, und der erwachsenen, weltlichen, politischen Arbeit an der Humanisierung unserer Erde, zwischen Licht von oben und Macht von unten, und ich kann nur wünschen, daß sich alle für Weihnachten entscheiden, das heißt für das hilflose Baby von nebenan.

Es ist heute wichtig, das Stück Rebellion, das in Weihnachten steckt, wieder zu entdecken. Gott wurde Macht von unten, und jener Gott, der nach dem Glauben der vorindustriellen Welt von oben lenkt und befiehlt, herrscht und richtet, ist im Lauf der Geschichte mehr und mehr zurückgetreten. Er hat seine Sache dem Sohn anvertraut, und dieser Sohn hat allen Söhnen Mut zur Macht von unten gemacht. Eine der ältesten Weihnachtshymnen der Christen besingt diese Änderung aller Machtverhältnisse, die Weihnachten anfing und noch lange nicht zu Ende ist. Es heißt da bei Ignatius über Christi Geburt: »Ein Stern strahlte am Himmel auf über allen Sternen . . . So löste sich das Band der Zauberei, und die Fessel der Bosheit verschwand, die Unwissenheit wurde entmächtigt und die alte Herrschaft zerstört, als Gott in menschlicher Gestalt erschien, um das unsichtbare Leben zu erneuern.« Noch ist wenig davon eingelöst, das Band der Zauberei bindet uns an den Konsum, den wir auf Befehl anderer selber herstellen und zu Nutzen anderer wieder verbrauchen sollen; die Fessel der Bosheit ist nicht verschwunden, sie produziert weiter Kriege und wachsende Unterdrückung; die Unwissenheit wird gerade in unserem Land gestützt und künstlich aufrechterhalten; und daß die alte Herrschaft zerstört sei, das möchte ich wohl glauben, aber sehr sichtbar ist es noch nicht geworden. Bestehen bleibt das Versprechen von Weihnachten, daß Gott als Macht von unten in menschlicher Gestalt erschien, um das unsichtbare Leben zu erneuern.

Wir stehen an einem Punkt, wo das Sterben des alten, den Kindern allmächtig scheinenden Vaters noch viele beunruhigt. Wir hatten noch keine Gelegenheit, Inkarnation so ernst zu nehmen, wie sie ist. Aber schon ist das Reich der Söhne angebrochen, das unsichtbare Leben erneuert sich. Wir haben keinen Grund, zu beseufzen, das Weihnachten entleert und kommerzialisiert sei, solange wir nicht bemerken, daß unser ganzes Leben entleert und kommerzialisiert ist. Das Unbehagen und die Angst vieler Christen werden heute dringend gebraucht, diese Waffen werden eingeschmolzen und zu Sicheln und Pflugscharen gemacht. Die Kraft derer, die lange von Angst und Resignation beherrscht waren, ist ein Potential für die Veränderung der Erde. Wir haben allen Grund, uns zu freuen, daß an Weihnachten Macht von unten sichtbar geworden ist, daß Gott immer wieder und immer mehr Mensch wird. Wir werden neue Formen dieser Freude finden – ich bin ziemlich sicher, daß sie den bürgerlichen Rahmen des Familienfestes sprengen werden. Wir werden zu überlegen und zu experimentieren haben, wie und mit wem wir Weihnachten feiern. Wir werden dabei Fehler machen und werden in Konflikte mit kirchlichen und politischen Bürokratien kommen. Wir werden Weihnachten lernen.

Nur wer frei ist, kann Buße tun

Johann, Sohn einer frommen Familie in einer pietistischen Gegend in Hessen, erzählte einer Freundin von mir folgende Geschichte. Er war 1940 zur Feldpolizei abkommandiert und nach Paris verlegt worden. Eines Abends fuhr er mit einem Kameraden in der Metro, sie hatten keinen Dienst. Der Freund, so erzählt Johann, kommt auf den Gedanken, »zum Spaß mal« eine Paßkontrolle zu machen. Sie lassen sich die Ausweise der Passagiere zeigen und finden einen deutschen Soldaten, der sich einige Wochen bei einer Freundin versteckt gehalten hat. Er fleht sie an, ihn doch laufen zu lassen, morgen endlich soll er einen Ausweis bekommen. Auch hat er gemerkt, daß sie ohne Dienstbefehl handeln. Aber Pflicht ist Pflicht, so erzählt Johann, und in Polen hat man ja auch so manches gesehen, was man lieber nicht gesehen hätte – kurz, sie übergeben den Deserteur dem Kriegsgericht, das ihn zum Tod verurteilt.

Das Wort »Buße« kommt in Johanns Geschichte nicht vor, es gehört zu den älteren, aus dem Gebrauch fast verschwundenen Begriffen, an denen besonders die religiöse Sprache reich ist; in anderem, kirchlichem Zusammenhang benutzt Johann dieses Wort durchaus noch, es ist wahrscheinlich, daß er heute morgen den Bußtagsgottesdienst in seinem Dorf besucht hat. Ferner kennt er »Buße« aus der Zusammensetzung mit Geld, das vor dem Jugend- und vor dem Verkehrsrichter eine Rolle spielt. Der Sinn dieser Sache ist allerdings unkenntlich geworden, Buße wird bei uns verwechselt mit Strafe. Das Bußgeld, das ich bei falschem Verkehrsverhalten zu zahlen habe, ist eigentlich eine Strafe, nur in milderer, weil nicht eingetragener Form. Der alte Sinn des Wortes ist damit zerstört: Es macht für uns keinen Unterschied, ob wir von jemand anderem eine Strafe auferlegt bekommen oder ob wir uns aus freien Stücken, aus der Erkenntnis von Schuld, selber eine Buße zubilligen. Daß es bei der Buße wir selber sind, die handeln, und daß die Sache so gemeint war, daß Menschen in einer Art Selbstgericht ihre Reue sinnfällig machen, und zwar in einer Art und in einem Ausmaß, das sie selber bestimmen, das ist lang vergessen.

Der Hauptmann Defregger hat gemeint, ihn erwarte keine Strafe; darum hat er auch keine Buße getan. Die Rechtslage schien ihm eindeutig; seine Reue, wenn man diesen Ausdruck benutzen darf, war nur auf Gott bezogen und hatte mit den Leuten in Filetto nichts zu tun. So konnte er nach dem Krieg Weihbischof werden, ohne die Nötigung zu empfinden, Buße zu tun. Zwischen einer religiösen und ganz innerlichen Angelegenheit »Reue«

und einer durch Gesetze geordneten rechtlichen Angelegenheit »Strafe« gab es für ihn kein Drittes, das den Namen »Buße« verdiente, weil es sinnlich-konkrete, selber gefundene Gestalt der Reue ist. Aber für Defregger fielen Buße und Strafe in eins, weil er innerhalb der beiden Institutionen, die ihn geprägt haben, Militär und Kirche, zur Selbstbestimmung nicht erzogen war.

In dem alten Gedanken, daß einer Buße tut, ist die Selbstbestimmung des Menschen vorausgesetzt. Seine Sünde erkennen, bereuen, aussprechen und handelnd wiedergutzumachen versuchen, das sind Tätigkeiten, die uns keiner abnehmen und die auch sinnvollerweise nicht befohlen werden können. Nur wer frei ist, kann Buße tun. Er beugt sich nicht unter etwas, das von außen über ihn verhängt wird, sondern er macht sich, unabhängig davon, welche Strafe ihn erwartet und ob seine Tat überhaupt unter die Gesetze fällt, zu seinem eigenen Richter. Wir können von Buße nicht im Ernst reden, ohne zuvor unsere Vorstellung von der Selbstbestimmung des Menschen geklärt zu haben.

Vielleicht müssen wir zunächst unseren versteckten Zynismus abbauen, der meint, ein Mensch sei ein Wesen, das bestraft werden solle, aber nicht eins, das Buße tun und sich verändern könne. Der schlimmste Zynismus, die konsequente Menschenverachtung, hat in unserem Land tiefe theologische Wurzeln. Immer noch wird mit der Lehre von der Erbsünde ein anthropologischer Pessimismus verknüpft, der dem Menschen keine Umkehr zutraut und der ihn für unfähig hält, sich selber zu bestimmen. Man muß sich klarmachen, daß diese vor allem im Protestantismus verbreitete Irrlehre das Evangelium selber leugnet, weil sie nicht wahrhaben will, was Jesus so beschreibt: »Blinde fangen an zu sehen, Lahme lernen gehen, Aussätzige werden rein, Taube hören, Tote werden lebendig, und die Armen hören die Botschaft« (Matthäus 11,5). Jesus hat die Welt für veränderbar gehalten, und er hat Menschen die Fähigkeit zur Umkehr zugetraut. An das Evangelium glauben heißt an Umkehr glauben und Buße nicht als Fremdbestimmung verstehen, wie es in den mittelalterlichen Kirchenstrafen geschah, aber auch nicht als bloße Dauerreflexion, die keinerlei praktische Konsequenz hat, weil sie gerade die Gestaltungsfähigkeit, den Selbstausdruck, die progressive Phantasie zerstört. Zwischen Jurisdiktion und jenem in sich kreisenden Sündenbewußtsein, das zum Nährboden für Neurosen wird, bleibt die Selbstbestimmung des Menschen allzuleicht auf der Strecke, er verliert mit dem Mut auch die Kraft und die Fähigkeit zur Umkehr, die sich in überschaubaren Schritten des privaten und gesellschaftlichen Lebens versuchen könnte. Johann zum Beispiel hat ein massives protestantisches Sündenbewußtsein; nur der ausgelieferte Deserteur kommt darin nicht vor.

Aber wie weit ist es mit dieser Selbstbestimmung wirklich her? Habe ich denn mein Leben in der Hand? So viele Fragen stellen sich hier und treiben mich in die Enge. Bin ich nicht ein kleines Rädchen in einer Maschine, jederzeit austauschbar? Geht es mir nicht wie Johann in der Metro, der fast ohne Zutun in etwas verstrickt wird, das seinen eigenen Mechanismus entwikkelt? Was kann ich denn dafür, daß ich in einem Land lebe, wo es bestimmte Heilungsmethoden, zum Beispiel Psychoanalyse, nur für die Angehörigen bestimmter Klassen gibt? Ist es denn mein Wunsch und Wille, die Bauern in Ghana um 20 Pfennig zu betrügen mit jeder Tafel Schokolade, die ich esse? Produziere ich denn Napalm oder ist ein Onkel von mir daran beteiligt? Konstruiere ich Autos, die die Luft verpesten und nicht sicher genug sind? Kann ich denn dafür, daß mein Kind in eine Klasse geht mit 51 anderen Kindern, die alle nichts lernen können, weil sie zu viele sind? Habe ich die Pläne für Konzentrationslager mit ausgearbeitet? Verdiene ich an den Kirchensteuern, die mit staatlicher Hilfe von Leuten eingezogen werden, die mit der Sache des Glaubens nichts zu tun haben? Ist es meine Angst, wenn die fünfzigjährige Arbeiterin jedesmal zusammenzuckt, wenn einer von hinten an sie herantritt? Was habe ich denn mit den Magengeschwüren zu tun, die in manchen Großbetrieben unverhältnismäßig viele Angestellte befallen? Ich las von einem Dreher in einer Fabrik, der nur noch vier oder fünf Stunden nachts schlafen kann – ist es meine Schlaflosigkeit? Gehen mich die Neurosen anderer Leute etwas an? Was habe ich damit zu tun? Ist es denn mein Zyklon Beta, meine Mauer, mein Napalm, ist es denn mein Profit, zu dessen Gunsten andere verhungern, und mein Kapital, das die Zölle so hoch hält, daß die Verhungernden niemals herauskommen aus ihrem Elend? Gehört das denn mir – die Säuglingssterblichkeit und die Hungerkrankheiten, das Schreien der Neurotiker und das langsame Eingehen im Büro? Bin ich's? Bin ich's, Herr?

Der christliche Glaube, der so oft schweigen sollte oder nur stammeln kann, gibt auf diese Fragen eine ganz unmißverständliche und klare Antwort. Ja, heißt sie, ich bin's, du bist es. Es ist meine Sache, deine Sache. Alle diese Geschichten, sie gehen dich an. Dein Ich hört nämlich nicht einfach da auf, wo dein Körper und dein Privateigentum zu Ende sind. Es ist nicht das Privatding, zu dem sie es dir verstümmeln wollen. Denn im Glauben lebe nicht ich, das Privatding, sondern Christus lebt in mir. So sagt man. Was haben sich die Leute darunter vorgestellt? Ich will versuchen, es zu übersetzen, weil ich das für das Ergebnis von Buße halte, sagen zu können: Nun aber lebe nicht ich, sondern Christus lebt in mir. Wie kann das zugehen?

Christus kann nur in mir leben, wenn er auch an mir sterben kann. Wir haben die Macht, ihn stumm zu machen, ihn kaputtzukriegen, ihn zu einem kirchlichen

Geschwätz zu machen, ihn einzumauern in dogmatische Richtigkeiten. Aber vor allem: Jeder von uns ist in der Lage, ihn weiter und weiter zu kreuzigen. Es ist ja tatsächlich *mein* Profit, an dem die Leute in der Dritten Welt verhungern. Es ist ja tatsächlich die Angst, die ich, der etwas leistet, einjage, an der die Wehrlosen krank werden. Es ist ja tatsächlich meine Resignation den Behörden gegenüber, die die Kinder in Verwahranstalten treibt, die den Namen Schule nicht mehr verdienen. Ich bin's, meine Freunde, meine Familie, meine Klasse, mein Volk, die durch Unterlassen, Dulden, Dazu-Schweigen, aber Daran-Profitieren, durch Mitmachen und Gehorchen den gegenwärtigen Zustand mitbauen, aufrechterhalten und rechtfertigen. Der gegenwärtige Zustand ist aber, in der Sprache des Glaubens geredet, der, in dem Christus an vielen Orten und in verschiedenen Gestalten ans Kreuz geschlagen wird, durch uns, die wir das Holz und die Nägel produzieren, um die Kleider würfeln und all das tun, wovon die Geschichte erzählt. »Nun, was du, Herr, erduldet, ist alles meine Last, ich hab es selbst verschuldet, was du getragen hast.« Das stimmt, so ist es. Wir können die Tradition, die sich angesichts des leidenden Christus zur Buße rufen ließ, im Ernst übernehmen, wir brauchen uns nicht zu verrenken, um Paul Gerhardt neu zu singen, weil wir den leidenden Christus theologisch-politisch vermitteln, nämlich ihn in unserer Mitte, in unserer Gesellschaft erkennen. Ich bin's, ich sollte büßen . . .

Man kann das Geheimnis des Glaubens nicht verstehen, wenn man nichts von den Schmerzen der Welt weiß, und solange man sie nicht als die eigenen übernimmt, hat man keinen Anteil an dem Lamm, das die Summe der gesellschaftlich verursachten Leiden, die in der biblischen Sprache »Sünde« genannt werden, trägt. Das Lamm Gottes trägt die Sünde der Welt ja nicht, damit wir sie übersehen könnten oder aufhören könnten, an ihr zu leiden, sondern es will uns in den gleichen Prozeß des Tragens, des Für-andere-Daseins hineinziehen. Wie tragen wir aber diese Last? Indem wir die eigene Schuld am gegenwärtigen Zustand erkennen und indem wir uns nicht mehr als Opfer dieser Welt fühlen, sondern als ihre Verantwortlichen. Es ist unerwachsen, wenn Christen sich sehr leicht als Opfer der argen Welt empfinden, aber vor allem weigern sie sich, mit Hilfe ihre Hilflosigkeit umzukehren. Vor lauter Opfergefühl vergessen sie, daß nun aber nicht ich, sondern Christus in mir lebt. Christus ist für mich der, der die Erniedrigung anderer als die ihm angetane erfährt, dem der Schmerz, den andere erleiden, selber weh tut. Wenn ich zu der gleichen Sensibilität komme, die an den Grenzen des privaten Ich nicht mehr haltmacht, dann »lebt Christus in mir«, wie die alte Sprache sagt: Die Verzweiflung anderer ist meine Verzweiflung geworden, der Reichtum anderer ist meine Freude, meine Kraft. Das vorsichtig abgegrenzte und sich durch Grenzen sichernde und darin bornierte Ich ist vergangen, es ist alles neu geworden. Buße, Umkehr, Trauerarbeit, der große Sprung nach vorn – sie werden konkrete Gestalten finden. Wir werden aus der unglücklichen und fruchtlosen Polarität von Strafe, Gesetz, Herrschaft – und Reue, Innerlichkeit, Einsamkeit der Seele vor Gott herauskommen und konkrete Bußvorschläge entwickeln. Wir lernen dabei, Befreiung oder Erlösung nicht mehr in der bildlichen Weise der Väter zu verstehen, die es sich als ein mit einem Schlag geschehendes Versetztwerden in einen anderen Zustand vorstellen. In der Sprache unserer Zeit ist Befreiung ein andauernder Prozeß, von Glauben zu Glauben, wie Paulus das ausdrückt, indem wir immer mehr Freiheit gewinnen und im Verlauf dessen auch die Gefängnisse, die wir heute nicht erkennen, weil wir sie für passabel oder gar wohnlich halten, von uns verlassen werden.

Der Punkt, den wir dabei erreichen, der Drehpunkt,

an dem nicht mehr das gefesselte und verfangene Ich lebt, sondern Christus in mir, überholt die falsch gestellte Frage, ob wir erst uns selber und dann auch die Welt, in der wir leben, verändern sollen oder umgekehrt erst die Verhältnisse und dann uns selber. In der Umkehr fällt dies zusammen, weil alle hier zu Subjekten der Geschichte werden. Es gibt keine Veränderung des Herzens, die nicht sinnlich sichtbar würde, und der kleinste Punkt, den wir an unserer Institution, unserem Betrieb ändern, kehrt auch uns um. Die Selbstbestimmung, die wir in unserem Umkreis realisieren, geht auch in uns selber vor. Der Glaube, der sich die Welt immer mehr aneignet, indem er sie verantwortet, bedeutet wachsende Freiheit.

Schuld – ein sinnloses Wort?

Schuld und erst recht Sünde sind veraltete Wörter, die sich in ihrer Bedeutung immer mehr auflösen. Schon ein flüchtiger Blick in die Geschichte zeigt, wie sehr sie dem historischen Wandel unterworfen sind: Es gab Zeiten, da hielt man Krankheit für eine Schuld, an der sich die Strafe Gottes zeige; in anderen Zeiten wurde der sexuelle Trieb als böse, niedrig oder teuflisch eingestuft; in den calvinistischen Ländern galt Armut nicht nur als Schande, sondern auch als Schuld. Krankheit, Sexualität, Armut – wir können heute die Phänomene nicht mehr kurzerhand als Schuld erklären, die der Mensch bei Wohlverhalten vermeiden kann: Die Wissenschaften vom Menschen belehren uns vielmehr genauer darüber, wie es mit der vermeintlichen Freiheit in diesen Dingen aussieht, und man könnte die Geschichte dieser Humanwissenschaften als eine große Entschuldigungsgeschichte der Menschheit auffassen, in deren Verlauf auch das Verbrechen, die Abartigkeit und schließlich jedes Verhalten von Menschen immer mehr den Charakter der Schuld verliert. Aus dem Bösen wird nach Konrad Lorenz das sogenannte Böse, das bestimmten Gesetzen der Aggressionsabfuhr folgt, und anstatt Schuld aufzudecken und anzuklagen, haben wir Techniken gelernt, Schuld zu erklären und abzuschwächen, zu verkleinern und schließlich ganz auszuschließen. Am deutlichsten läßt es sich vielleicht an der Entwicklung des Rechts klarmachen, wie der ursprünglich theologische Begriff von einer Schuld, die zu sühnen ist, immer mehr zurückgedrängt worden ist. Statt dessen sprechen wir von sozialer Erkrankung, die durch Resozialisierung, Wiedereingliederung in die Gesellschaft, behoben werden soll.

Niemand kann im Ernst daran denken, diese Entwicklung zurückzudrehen und Schuldkategorien dort wieder einzuführen, wo sie besserer, rational begründeter Einsicht gewichen sind. Das Gericht kann den Kindermörder Jürgen Bartsch nicht verurteilen, ohne medizinische und psychologische Gutachten angehört zu haben. Der Leiter einer Schule kann ein Kind, das lügt oder stiehlt, nicht einfach »schuldig« sprechen und strafen, ohne den Psychologen zu fragen, was die Ursachen des Verhaltens sind. Die Institutionen – wie Kirche oder Schule – neigen dazu, alles, was ihre Ordnung stört, was abweicht, als »Schuld« anzusehen. Die Wissenschaften aber nehmen ihnen diese Unbefangenheit. Nicht weil sie den Menschen grundsätzlich als schuldloses Opfer der Verhältnisse oder der innerseelischen Zwänge ansähen, wohl aber weil sie genauer differenzieren und unterscheiden können, wo Schuld entsteht und wo nicht. Es geht den Humanwissenschaften nicht darum, das Gewissen der Menschen abzuschaffen, sondern sie stellen durch die genaue Untersuchung heraus, wie abhängig Menschen sind. Erst wenn das anerkannt ist, kann sich Gewissen neu bilden. Gerade wenn einem im Ernst daran liegt, den Menschen als schuldfähig zu denken, dann kann man sich nicht auf bestimmte Punkte versteifen, die gegen den großen Trend der Entschuldigungsgeschichte festgehalten werden. Wir können nicht die Homosexualität weiterhin mit Schuldgefühlen belasten, nur um an irgendwelchen Materialien das Bewußtsein von Recht und Unrecht, Schuld und Verfehlung noch festzumachen. Es kommt also nicht darauf an, gegen die Verhaltensforschung oder die Psychologie bestimmte Inseln der Schuldfähigkeit des Menschen zu verteidigen, sondern darauf, das ganze Leben des Menschen unter die Kategorien von Schuld und Versöhnung, von Zerstörung des Lebens und Befreiung zu bringen, und zwar unabhängig von den Institutionen, die die Schuldgefühle der Menschen benutzen, um ihre Herrschaft zu sichern. Nicht das Recht stellt Gewissen her, und die Enzyklika, die die Pille verdammte, hat vielleicht Skrupel und falsche Ängste erzeugt, aber bestimmt nicht das Gewissen von Menschen dem Nächsten gegenüber sensibler gemacht. Es ist notwendig, diese falschen Ängste abzubauen, damit sich der Mensch als verantwortlicher Autor seiner eigenen Taten begreifen kann. Das Ziel der Aufklärung über den Mensch ist nicht ein angepaßtes Wesen, das ohne Schuldgefühl und möglichst ohne Gewissen lebt und reibungslos funktioniert, sondern der ich-fähig gewordene Mensch, der eben, weil er erwachsen ist, auch als schuldfähig angesehen werden muß und der sich selbst als schuldfähig ansieht.

Es ist darum kein Gegensatz zur psychoanalytischen Erkenntnis, wenn wir die Frage nach der Schuld noch einmal aufnehmen, und zwar theologisch, das heißt, indem wir sie im Zusammenhang der christlichen Tradition diskutieren. Ist die Entschuldung des Lebens tatsächlich alles, was wir heute auf Grund wissenschaftlicher Erkenntnis zu sagen wissen? Ist damit wirklich alles erklärt, haben wir mit den sozialen und psychologischen Ursachen auch die Folgen erfaßt, oder richtiger: Sind die vermeintlichen Erfahrungen von Schuld nur die Funktionen bestimmter erkennbarer und steuerbarer Mechanismen?

Genügt es, von einem Denunzianten der Nazizeit zu sagen, daß er in einer frommen Schule zum Untertan erzogen wurde oder daß er in bestimmten Erregungssituationen stotterte? Genügt es, zu sagen, daß er um die Existenz seines kleinen Ladens kämpfte, als er den Nachbarn wegen eines politischen Witzes anzeigte? Gewiß sind alle diese Daten, der psychosoziale Hintergrund, wichtig, um das Verhalten zu erklären, aber wie erklären sie es? Man kann die Wahrscheinlichkeit eines solchen Verhaltens unter bestimmten Umständen berechnen. Damit gibt man eine statistische Erklärung. Über diese – nicht streng kausale, sondern funktionale – Beziehung hinaus geben die Hinweise nichts her. Darum befriedigen sie uns nicht, und zwar desto weniger, je näher uns der Mensch steht, um den es sich handelt, je weniger Distanz wir von ihm haben. Am wenigsten können sie uns befriedigen, wenn es sich um uns selbst handelt.

Die christliche Tradition sieht den Menschen als schuldfähig an, ja sie erkennt seine Würde darin, daß er schuldig werden kann. Weil er schuldig werden kann, ist er ein Mensch, und nur solange er schuldig werden kann, ist er im vollen Sinn des Wortes ein erwachsener Mensch. Wenn er nur nach bestimmten, ihm vorgegebenen Gesetzen funktioniert, so tritt er sozusagen zurück in die Unschuld des Tieres. Es liegt schon eine ungeheure

Verachtung darin, von jemandem zu sagen: »Laß ihn, er kann nicht anders.«

Man könnte nun darüber streiten, ob diese christliche Behauptung, daß der Mensch seine Würde gerade in seiner Schuldfähigkeit habe, wahr ist. Es könnte ja auch umgekehrt sein: Wenn wir es als unmöglich empfinden, uns einfach auf unsere Anlagen, unser Milieu und unsere Erziehung zu berufen und uns damit zu entschuldigen, so könnte das gerade ein Produkt der christlichen Erziehung selber sein, die wir, wie abgeschwächt auch immer, erhalten haben, einer Erziehung nämlich, die – nach der positivistischen Meinung – in uns übertriebene Ansprüche pflanzt, indem sie Kategorien wie Schuld überhaupt zur Geltung bringt. Man könnte, wie gesagt, über diese Frage streiten, aber ich befürchte, daß sie sich argumentativ nicht lösen läßt, sondern eine Entscheidung fordert. Wie sie ausfällt, hängt davon ab, wie hoch wir vom Menschen denken, wie wir seine Würde veranschlagen. »Übertrieben«, nämlich über ein vernünftiges Mittelmaß hinausgehend, sind in der Tat alle christlichen Ansprüche des Menschen an sich selber, seine Hoffnungen ebenso wie seine Klagen, Schmerzen und Ängste. Ästhetisch betrachtet ist die Kategorie des Christentums in der Tat die Übertreibung: Es ist übertrieben, eine Panne als Schuld oder als Sünde anzusehen; es ist übertrieben, in das Paradies zu wollen, statt sich mit den Angeboten der Touristikunternehmen zu begnügen; es ist übertrieben, den Nächsten zu lieben, wenn Rücksichtnahmen und Einhalten der Spielregeln doch auch genügen. Übertrieben ist es, Geliebtwerden und Liebenkönnen als »Himmel«, Hassen dagegen als »Hölle« zu beschreiben. Die allergrößte Übertreibung aber, die sich das Christentum erlaubt hat, liegt im Begriff der Sünde, weil es hier die einigermaßen verrückte Behauptung aufstellt, daß wir auch an den Dingen schuldig sind, an denen wir uns nicht beteiligt haben, an dem Leiden anderer Menschen, das wir nicht verursacht haben. Immerhin, so meint der christliche Glaube, haben wir es nicht verhindert, daß es dem anderen so ergeht, und immerhin gibt es eine Solidarität, in der jeder für jeden verantwortlich ist.

Es sind, in der Tat, unsere Brüder, die wir in Brasilien oder Kalkutta verhungern lassen. Man kann das natürlich auch weniger übertrieben ausdrücken, aber der Satz enthält eben in der Übertreibung ein theologisches Urteil, er erzählt nicht nur etwas oder informiert über etwas, sondern er legt aus und beurteilt, was ist: Menschen legt er als Brüder aus, und Tote als Getötete. Verhungern wird angesehen unter der Perspektive: verhungern lassen oder sich an der Armut der anderen bereichern, und schreckliches Schicksal schließlich wird gedeutet als Folge eines Wirtschaftssystems, das dafür sorgt, daß die Armen immer ärmer und die Reichen immer reicher werden. Es sind unsere Brüder, die wir verhungern lassen . . .

Was Schuld sei oder Sünde (die Unterscheidung zwischen beidem scheint mir spitzfindig, man kann sie fortlassen), muß im Rahmen dieser Übertreibung gedacht werden. Es gibt einen Maßstab für Schuld, der ebenso übertrieben ist, nämlich die Liebe. Dieser Maßstab ist unbedingt und unendlich; wer immer sich auf ihn einläßt, der findet sich als Schuldigen vor. Wir haben nie genug geliebt. Nur wer weiß oder ahnt, was Liebe ist, sein könnte und wie eine Welt aussähe, in der Liebe sichtbar wäre, der kann verstehen, was Schuld ist und warum wir nicht aufhören können, den Mangel an Liebe als die einzige, aber zugleich allgemeine Schuld anzusehen. Und gibt es jemanden, der nicht wüßte oder ahnte, was Liebe ist, wie sie tut und wie eine Welt aussehen könnte, in der sie sichtbar würde?! Der Maßstab ist allgemein. Jeder Leidende ist unser Bruder – und jeder klagt uns an. Wir können zwar die Liebesunfähigkeit eines Menschen auf seine Erziehung und auf die gesellschaftlichen Umstände zurückführen, aber damit haben wir nur die Sache konsequent an uns selber weitergegeben: *Wir* haben ihn zu dem gemacht, der er nun ist. Wir haben niemanden daran gehindert, ihn zu dem zu machen, der er nun ist. Wir haben die Verhältnisse befürwortet oder doch zugelassen, die Menschen kaputtmachen. Wir haben geschwiegen. Am Leiden anderer erwacht unsere Scham darüber, glücklich zu sein, und über das Mitleiden hinaus fühlen wir uns mitverantwortlich, ja mitschuldig, auch dann, wenn der Zusammenhang zwischen unserem Glück und dem Unglück des anderen nicht kausal deduziert oder unmittelbar klargemacht werden kann. Dieser Zusammenhang ist allerdings leicht herzustellen, sobald unser Gewissen auch nur ein wenig politisiert ist. Und das Gewissen politisieren heißt es verchristlichen. Dann wissen wir wieder etwas von der Solidarität aller Menschen miteinander, dann finden wir zu der Sensibilität aller Menschen miteinander, dann finden wir zu der Sensibilität Christi hin, die die Schmerzen der anderen als die eigenen erfährt. Dann sind entfremdete Arbeit und Neurotisierung der kleinen Familie im Neubauviertel nicht mehr zufällige Schicksalsschläge, an die sich die Leute im Lauf der Zeit schon gewöhnen werden, sondern sie werden gerade da, wo sie uns nicht selber betreffen, zu unserer Sache, weil sie die Sache unserer Gesellschaft sind. Schuld ist dann jedes vermeidbare Leiden – und zwar Schuld aller, Schuld hört auf, etwas Privates zu sein, das ein Mensch im wesentlichen allein und für sich begehen kann. Die Wahrheit des Begriffs der Sünde erschließt sich in der politischen Dimension. Wenn Brecht sagt, »daß alle Kreatur Hilfe braucht von allen«, so bedeutet das, daß die verweigerte Hilfe Sünde ist, eben die des Einverstandenseins mit den bestehenden Zuständen. Sünde ist Kollaboration.

Umgang mit sich selbst

Kann die Frage danach, wie ein Mensch mit sich selber umgeht, überhaupt als eine christliche Frage gelten? Hier wird nach Maßstäben für die Zukunft gesucht, die einer christlichen Ethik entsprechen könnten. Es ist dabei vorausgesetzt, daß es um die Zukunft aller Menschen geht und um ein Handeln in gesellschaftlicher, politischer und sozialer Hinsicht, wie es dem Evangelium gemäß sein kann. In der gegenwärtigen Theologie setzt sich immer deutlicher die Erkenntnis durch, daß das Evangelium ein Politikum ersten Ranges ist, eine öffentliche, weltgestaltende, weltverändernde Macht, und daß das Ziel des christlichen Glaubens nicht die Rettung einzelner Seelen oder das Heil des Individuums ist, sondern die Stadt Gottes als die endlich bewohnbar gewordene Erde. Darum drücken für uns Wörter wie »Frieden« oder »Gerechtigkeit« das Evangelium klarer und umfassender aus als solche wie »Erlösung« oder »Heil der Seele«. Für eine ganze Generation von Christen im Aufbruch – zwischen Holland und Florenz, Alabama und Uppsala – sind zwei Geschichten aus der Bibel zu den wichtigsten geworden, die vom barmherzigen Samariter, die wir vielleicht heute die vom barmherzigen Atheisten nennen könnten, und die vom Weltgericht, wo Christus die Menschen nicht nach ihrem Verhältnis zum Vater fragt, sondern nach dem zum geringsten der Brüder.

Angesichts dieser Tendenz erscheint nun die Frage, wie ein Mensch heute und in Zukunft mit sich selber umgehen soll, die Reflexion also auf den einzelnen und nicht auf die von ihm verantwortete Welt, fast wie ein Rückzugsgefecht, mit dem konservative Christen sich noch aufhalten mögen, das aber für ein heutiges radikales Verständnis des Glaubens eher überflüssig ist. Subjektivität ist wenig gefragt. Wer begriffen hat, daß die Senkung der Zölle für Waren aus den Entwicklungsländern ein wirtschaftspolitisches Ziel darstellt, das wir vom Glauben her anstreben müssen, oder daß das Evangelium uns selber dazu auffordert, an einem Bildungssystem zu arbeiten, das allen die gleiche Chance gibt, wie sollte der sich mit der altmodischen Frage, wie der Mensch mit sich selber auskommt, weiter abgeben? Ist sie nicht in den neuen Formen christlichen Lebens, den Arbeits- und Projektgruppen, die ohne Team nicht denkbar sind, bereits überholt? Haben wir überhaupt die Zeit, uns auf solche bürgerlich-innerliche Fragestellungen einzulassen, haben wir überhaupt das Recht, den Umgang mit uns selber zu bedenken in einer Welt, deren dringendste Fragen den Umgang mit dem Geld, der

Macht und dem Eigentum betreffen? Bringt nicht diese Art der Fragestellung von neuem das ganze Elend des Christentums zutage, nämlich dies, daß es den Kirchen vor allem um sich selber geht, um ihre Macht, ihre Selbstbehauptung und ihr Geld, und daß hier nun das, was der klerikalisierten Institution recht ist, dem einzelnen auch noch billig gemacht werden soll: Er soll sich auf sich selber beschränken und konzentrieren, er soll abgelenkt werden vom weltlich gewordenen Evangelium und sich religiöser Selbstbefriedigung, wie sie seit eh und je praktiziert worden ist, ergeben. Er soll Gott und die Seele wieder zum großen und einzigen Thema des Glaubens machen und sich in der Rückbesinnung auf das Ich dem Zeitgeist, der auf Veräußerlichung drängt, entgegenstellen.

Um es zu Beginn zu klären: Ich verstehe die Frage nach dem Umgang des Menschen mit sich selber nicht in diesem klassisch-traditionellen Sinn einer christlichen Bürgerlichkeit. Und ich glaube darum auch nicht, daß sie erledigt ist. Sosehr wir heute daran arbeiten müssen, neue Formen des Zusammenlebens zu finden, in denen Menschen aus dem tödlichen Mißverständnis, das Glück in den privaten Konsum möglichst vieler erlesener Güter zu setzen, befreit werden, so sicher ist doch, daß auch kollektive Lebensformen nur dort gedeihen, wo Menschen auch allein sein können und gelernt haben, mit sich selber umzugehen.

Ich gehe von jenem rührenden und den Beobachter beschämenden Phänomen aus, daß Kinder, aber auch Erwachsene, wenn sie allein sind, mit sich selber sprechen. Im Selbstgespräch übernimmt das Kind häufig die Rolle der Mutter und präsentiert so in seinem Sprechen das Einssein von Mutter und Kind, aber auf dem Weg der Ablösung. Sprechend hat es zwei Stimmen gewonnen, es kann sich mit der Mutter identifizieren und hat, indem es sich selber mit »du« anspricht, ein Stück Distanz von sich selber gewonnen. Diese Distanz ist zum Umgang mit sich selbst notwendig und charakterisiert den Menschen als das Wesen, das nicht unmittelbar auf seine Bedürfnisse versteift ist. Nur der Mensch geht mit sich selber um, hat Abstand von sich selber und kann sich selber reflektieren, wie es im Sprachstrom des Bewußtseins geschieht. Es scheint mir berechtigt, dieses Sprechen mit sich, das Kinder beginnen und das sich im Leben der Erwachsenen lautlos fortsetzt, als einen Dialog anzusehen, das heißt ein Hin und Her, ein Für und Wider, das tatsächlich Fortschritt, Bereicherung und Erkenntnis enthält. Was im krankhaften Gebrabbel älterer alleinlebender Leute fehlt, ist gerade dieses Element des Weiterkommens, das die Tendenz des ausgesprochenen Wortes ist.

Wir reden uns selber gut zu, wir fragen uns, wir kritisieren uns, wir muntern uns auf, wir leben, ausgesprochen oder unhörbar, in einem Dialog mit uns selber, dessen Verstummen oder dessen Abreißen ein Stück Tod für den Menschen darstellt. Das Sprechen des Menschen mit sich selber ist ein Lebensausdruck ähnlich dem Lachen oder Weinen, ohne den unser Leben verarmt und eintrocknet. Wir sprechen vom »Strom des Bewußtseins« und drücken in diesem Bild den Fortgang, die Bewegung, die Belebung durch Wasser aus. In der Tat hat es nur dann einen Sinn, das Umgehen mit sich selber zu einer ethischen Frage zu machen, wenn der einzelne im Umgang mit sich selber Fortschritte macht, wenn er zunimmt an Sensibilität der Wahrnehmung und Kraft der Veränderung. Der Strom des Bewußtseins hat ein Ziel, andernfalls stagniert er und wiederholt nur auf einer anderen Ebene das, was schon ist. Dabei verliert der Mensch sich selber aus dem Blick, und zugleich verliert er die Sprache, in der er sich selber formulieren könnte.

Denn der Umgang mit sich selber vollzieht sich wesentlich in der Sprache: So wie wir uns die Welt aneignen, indem wir allen Dingen Namen geben und die

Begriffe übernehmen oder festlegen, mit deren Hilfe wir uns orientieren, so eignen wir uns auch das eigene Ich im Dialog mit uns selber an. Wir lernen uns kennen, wir fragen uns, wir reflektieren. Zumindest können wir als das Ziel jenes Selbstgespräches, das jeder Mensch darstellt, die Aneignung des Ich, seine Stärkung, seine Bewußtheit, ansehen. Diese Aneignung, Stärkung und dieses Bewußtwerden hat in unserer Gesellschaft neue und spezifische Bedrohung erfahren, wie sie die Generationen vor uns kaum kannten.

Wir leben, um einen Ausdruck Alexander Mitscherlichs zu gebrauchen, »auf dem Weg zur vaterlosen Gesellschaft«. Die Gestalt des Vaters, die innerhalb unserer Tradition das Ich des einzelnen am stärksten bedrohte, einschränkte, aber auch herausforderte und prägte, ist in eine Krise geraten; von ihrer einstigen ungefragten Autorität bleibt so gut wie nichts zurück. Manchen scheint mit diesem Abbau oder diesem Zerfall das Reich der Freiheit schon hereingebrochen; es ist aber die Frage, ob die frühere Rolle des Vaters heute nicht von anderen Mächten übernommen worden ist, die die Entstehung eines starken und bewußten Ich zumindest ebenso gefährden.

Wie lernt ein Mensch, mit sich selber umzugehen? Daß er ein Ich hat, »ich« sagen kann, als unverwechselbare Person existiert, das hängt in der christlichen Tradition mit dem Verständnis der Sünde zusammen, das in der Bibel entfaltet ist. Das Bewußtsein der Sünde nimmt dem Menschen das selbstverständliche Eingebettetsein in eine Gemeinschaft, eine Gruppe, einen Stamm und setzt ihn verantwortlich als diesen einzelnen, der für seine Taten, ja für seine Worte und in der Verschärfung der Forderungen, wie sie die Bergpredigt Jesu bringt, auch für seine Absichten und heimlichen Wünsche verantwortlich ist. Die Sünde individuiert, sie bringt die

Menschen dazu, ihr Leben als ihre eigene, selbstbestimmte, selbstverschuldete Geschichte anzusehen. Dieser im jüdisch-christlichen Verständnis begonnene Prozeß, der Schulderkenntnis und Individuation aufeinander bezieht, ist nicht umkehrbar, ja es läßt sich zeigen, daß die säkularen Erben des Glaubens diesen Prozeß noch unerbittlicher vorantreiben: Nicht nur das Handeln und das bewußte Denken, auch das Unbewußte wird in den Gerichtsprozeß des Bewußtseins hineingenommen, analysiert und zur Rechenschaft gezogen; nicht nur das private Tun und Lassen, auch das politische und wirtschaftliche Tun und Unterlassen wird unter das Gericht gegen Unmenschlichkeit gestellt. Je weniger der Mensch sich auf seine »Natur« berufen kann, um so klarer erkennt er sein Leben als eigene Geschichte – und der berühmte Satz Sigmund Freuds »Wo Es war, soll Ich werden« gilt auch in diesem weltgeschichtlichen Sinn: Das Bewußtsein der eigenen Freiheit wächst, das Bewußtsein, daß die eigene menschliche Welt immer unabhängiger wird von natürlichen Vorbedingungen. Wo »es«, nämlich die Natur, der blinde Zufall, das Faktum waren, soll »ich«, der die Welt gestaltende Mensch, sein Plan, seine Vernunft werden. Je überschaubarer und planbarer diese Welt aber wird, um so größer und unausweichlicher wird auch die Verantwortung für alles, was geschieht.

Die verwissenschaftlichte Welt entlastet den Menschen zwar in allen unmittelbaren Lebensbedürfnissen, die nun leichter, schneller und risikoloser zu stillen sind, sie belastet ihn aber zunehmend, indem jedes Versagen, jede Schwierigkeit als die eigene – vermeidbare – angesehen wird und keine Natur, kein Schicksal, keine fremde Gewalt sich zwischen uns und unser Versagen mildernd stellen. Es ist wahrscheinlich schlimmer, ein Contergankind zu haben, als eines, das auf Grund von uns unbekannten Ursachen mißgestaltet ist. Die Anzahl der mildernden Umstände nimmt objektiv ab, und eben dies weiß oder spürt das Ich. Der Druck, der auf ihm lastet, die Verantwortung für das Gelingen des eigenen Lebens, der individuell geschlossenen Ehe, des selbstgewählten Berufes, wächst. Niemand kann sich diesem Druck entziehen und sich auf eine Instanz berufen, die ihm die Verantwortung für die Richtigkeit der eigenen Entscheidung abnähme, wie das in einer traditionsgeleiteten Gesellschaft möglich war. Je ungeheurer unsere Möglichkeiten sind, in den Ablauf der Ereignisse einzugreifen und die günstigsten Bedingungen herzustellen, um so schärfer erkennen wir unsere Verantwortung, und mit jedem Stück neuen Wissens über die Zusammenhänge, die menschliches Leben entstellen, wächst auch notwendig unser Schuldgefühl.

Es scheint mir daher etwas zu einfach, die auch in unserer Gesellschaft noch wachsenden Schuldgefühle und Schwierigkeiten im Umgang mit sich selber hauptsächlich der strengen christlichen Erziehung, wie sie noch mancherorts geübt wird, anzulasten, dann müßten diese Schuldgefühle mit dem Abbau autoritär-christlicher Erziehung zurückgehen. Tatsächlich aber sind es eher die objektiven Gegebenheiten der Leistungsgesellschaft, die einen Druck ausüben, dem man sich nur mit Hilfe von komplizierten Abwehrmechanismen entziehen kann. Hier gilt – und das macht den Umgang mit sich selbst so schwer –: Je wissender, desto schuldiger. Je mehr Erkenntnis von anderen als den vorliegenden Möglichkeiten ich habe, je mehr Differenzierung ich treffen kann, desto klarer erkenne ich die eigene Unzulänglichkeit. Unter dem wachsenden Bewußtsein verdüstert sich der Umgang des Menschen mit sich selber. Es war noch vor zehn Jahren leichter für eine junge Frau, sich auf Kinder und Haushalt zu beschränken, als heute, weil sie weniger von Möglichkeiten, ihr Leben selber zu bestimmen, wußte. Mit dem größeren Wissen von dem, was auch in unserer Gesellschaft möglich ist, wachsen die berechtigten Ansprüche. Sie setzen das geschwächte, seiner selbst nicht sichere Ich unter Druck. An die Stelle älterer Bedingungen, die das Ich formten, wie sie der Gott vertretende Vater darstellte, ist mit der Relativierung solcher Autoritäten noch keineswegs das Reich der Freiheit getreten. An die Stelle des vater- oder religiös bestimmten Überich setzt sich eines, das den Normalvorstellungen der jeweiligen Klasse oder Schicht entspricht, das aber in Forderungen und Verdammung nicht weniger erbarmungslos ist als der ältere Vater. Nicht mehr von oben kommen die Maßstäbe, sondern sie stellen sich im konkurrierenden Vergleich mit den Arbeitskollegen her und werden genährt durch einen nicht abreißenden Strom von Information, der darauf aufmerksam macht, wie anders unter scheinbar ähnlichen Bedingungen gelebt wird: schöner, gesünder, sportlicher, tüchtiger, erfolgreicher.

Dieser Strom verlogener, weil wesentliche Fakten ausklammernder Informationen über das besser gekonnte Leben überschwemmt das Ich, das sich nach einem solchen Leben sehnt, und stürzt es in größere Hilflosigkeit als zuvor.

Eines der wichtigsten Mittel, Menschen an unsere Gesellschaft anzupassen, ist die Werbung. Sie appelliert keineswegs nur an die sogenannten »niederen Instinkte«, sondern weit wirksamer baut sie ein Idol auf, das des glücklichen, gesunden, sexuell erfolgreichen, ausgeglichenen, seiner Umgebung angepaßten Menschen. Unter diesen Ansprüchen fühlt sich das Ich eingeklemmt, einerseits seinen vielen nicht befriedigten Wünschen und Aggressionen preisgegeben, andererseits vom glatten und starken superman entmutigt und zurückgeworfen. Der Umgang mit sich selber verkümmert, weil er nur noch im ohnmächtigen Aufbegehren gegen ein unerreichtes omnipotentes Überich bestehen könnte. Das Ich findet keine Sprache mehr.

Es gibt viele Beispiele in der Literatur, die dieses Verstummen, die Sprachlosigkeit des Ich darstellen. Ich möchte zwei anführen, beide sind Monologe, in denen jemand sich ausspricht; in beiden ist das Ich des Sprechenden vollständig unentwickelt und hat, zwischen Überich und Es eingeklemmt, keine eigene Sprache gefunden. Arthur Schnitzler schreibt 1901 den Monolog des »Leutnant Gustl«, in dem alltägliche und entscheidende Vorfälle in Bruchstücken im Strom des Bewußtseins erscheinen. An keiner Stelle gelingt dem Sprechenden der Umgang mit sich selber, an keiner Stelle erscheint ein Ich. Einerseits werden die Triebkräfte des Es, meist assoziativ verknüpft, ausgesprochen; Sexualität und Aggression beherrschen das Feld. Darüber liegt oft wie ein dünner Firnis, manchmal wie eine massive Wand eine Schicht von Überich: der Kastengeist des Offizierskorps, eine angelernte Achtung vor kulturellem Erbe, Begriffe von Stand und Ehre, alles in vollständig fixierten Klischees. Die Sprache des Überich ist banal, phrasenhaft und geordnet; sie wirkt als Fremdkörper zwischen Wahrnehmung und assoziativem sinnlichem Gestammel. Zwischen Überich und Es ist kein Platz für Subjektivität, eigene Entscheidung oder gar Veränderung des Bewußtseins. Das Es ist ebenso fixiert und unwandelbar wie das einmal gebildete Überich. Eine Veränderung des Menschen könnte nur im Ich stattfinden. Leutnant Gustl aber, ein Vorläufer der »Eichmanns«, wenn auch einer anderen Klasse angehörig, kann nichts erleben, was ihn veränderte. Selbst die Bedrohung seines Lebens wird zur Bagatelle, die ihn läßt, wie er war.

Das zweite Beispiel für die Sprachlosigkeit des Ich ist der Monolog eines Wiener Kleinbürgers, den Helmut Qualtinger dargestellt hat. Der »Herr Karl« erzählt sein Leben und verfällt immer wieder aus dem wienerischen Dialekt in ein unsäglich banales und klischiertes Hochdeutsch. Und zwar gerade dann, wenn er eine Handlung rechtfertigen, interpretieren oder durch Gefühle verbrämen will.

Da erscheinen dann allgemeine Weisheiten wie »so ist auch dieses Kapitel in meinem Leben vorübergegangen«, oder wenn eine besondere Infamie angedeutet wird, heißt es: »Aber auch diese Lebensgemeinschaft war nicht von Dauer.« Es und Überich spielen sich dabei perfekt in die Hände, so daß es nicht zu einem selbständigen Ich kommt: Die Todeswünsche gegen andere, die sexuelle und finanzielle Ausbeutung anderer haben ihr Pendant in den jederzeit bereitliegenden Überich-Klischees. Der hier dargestellte Typ ist der Opportunist zu jeder Zeit, zu jedem System, ohne alle Hemmungen, die ja nur an einem stärkeren Ich entstehen könnten.

Dabei wird die literarische Form des Monologs ins äußerste Gegenteil verkehrt. Der klassische Monolog drückt den Umgang des Menschen mit sich selber als ein Gespräch zwischen Überich und Ich aus; Pflicht und Neigung, Tradition und Individualität, Gesetz und Freiheit formulieren sich, und es gehört zu einem solchen Monolog, daß er den Sprechenden nicht unverändert läßt. Die Sprache, die das Ich mit sich selber führt, stellt einen Prozeß der Aufklärung dar, der häufig in eine Entscheidung mündet. Die Monologe des Leutnant Gustl und des Herrn Karl dagegen haben die Funktion der Verschleierung und kreisen ohne Beginn oder Abschluß. Es findet keine Auseinandersetzung statt. Auf dieser Ebene ist der Mensch nicht fähig, mit sich selber zu sprechen, so daß er sich veränderte. Das Ich ist zerstört.

Eben diese Ichzerstörung läßt sich häufig feststellen bei Menschen, die in versteinerten religiösen Traditionen leben. Wenn ein Gefängnispfarrer nach einem Selbstmordversuch eines Jugendlichen diesem nichts anderes zu sagen hat als »Jesus Christus ist für dich gestorben und hat dich durch sein Blut erlöst«, so ist das nicht nur die Dummheit der Dogmatiker, die sich nicht verständlicher ausdrücken können, es ist in Wirklichkeit eine Form der Abwehr. Der Pfarrer *will* nicht vom Leid des Jungen berührt werden. Er setzt die Dogmatik wie eine hygienische Maske auf, damit ihn nichts trifft. Er antwortet dem Du nicht mit seinem Ich, sondern er legt es als ein Opfer seinem Überich zu Füßen. Ob dieses Überich Jesus Christus oder Adolf Hitler oder sonstwie heißt, spielt für den Vorgang selber keine Rolle.

Es ist vielleicht heute die schrecklichste Art, Christus zu kreuzigen auf fromme, auf dogmatisch korrekte Weise, indem man ihn zu einem Stück Überich macht, das, so wie es einen selber hinderte, ein Mensch zu werden, auch andere gefangensetzt, ohne sie wirklich zu verändern. Der in dieser Weise christlich erzogene oder richtig: verstümmelte Mensch wird unfähig gemacht zum Dialog mit sich selber, er kann nicht mehr mit sich umgehen, sein Glaubenmüssen ist der präzise Ausdruck seiner Ichschwäche. Der Pfarrer, der in einer entscheidenden Situation von Christus redet, statt hier Christus zu werden für den anderen, weiß nicht, was ein Mensch ist. Er hat nicht gelernt, mit sich selber umzugehen. Er hat vergessen, oder man hat es ihm nicht gesagt, daß der Glaube den Menschen gerade dazu ermutigt, »ich« zu sagen, ohne sich auf eine Autorität zu berufen. Der Glaubende ist ein Mensch, der gelernt hat, »ich« zu sagen ohne Überheblichkeit, die eine Form der Angst ist, mit einer Gewißheit, die man an Jesus von Nazareth ablesen kann, von dem nicht zufällig so viele Worte überliefert sind, die sein Ichsagen bezeugen: »Ich« vergebe dir deine Sünde, »ich« sage dir, steh auf, »ich« rufe dich, komm mit – bis zu den großen Antithesen der Bergpredigt, wo Jesus sein »ich aber sage euch« gegen die religiös gegründete und geheiligte Autorität des Mose stellt, oder bis zu den Worten, die der vierte Evangelist Jesus sprechen läßt und die ebenfalls in nicht überbietbarer Weise »Ich bin« sagen. Ich bin das Brot, das Wasser, das Licht, das Leben.

Diese Worte sind von einer vollständigen Furchtlosigkeit getragen, nicht nur den Mächtigen gegenüber, die Jesus solcher Reden wegen verurteilten, sondern auch allen verinnerlichten Formen der Macht gegenüber, die uns von unserer Kindheit an begleiten und unsere Lebensfähigkeit, unseren Mut, unsere Hoffnung verstümmeln. In dieser Art, »ich« zu sagen, erscheint Jesus als der nichtverstümmelte Mensch, dem nicht Gewalt angetan wurde, bis er sich unterwarf, der nicht gebeugt, gezähmt, gebrochen und angepaßt wurde. Jesus hat etwas von dem Jungen im Märchen, der auszog, das Fürchten zu lernen, nur daß er es bis in den Tod hinein nicht lernte und andere noch in sein Furchtloswerden hineinzog. Diese Art zu leben setzt ein Ich voraus, das nicht mehr in den Spannungen zwischen Überich und Es kleingedrückt wird, sondern das diese Spannungen als die eigenen begreift, annimmt und integriert.

Jesus hat auch am Kreuz seinen unerhörten Satz »Ich bin das Leben« nicht zurückgenommen. Indem er auf seiner Sache, seiner Wahrheit des unverstümmelten Lebens für alle Menschen beharrte, blieb seine Wahrheit bei ihm und bei uns – was die Sprache des Mythos die Auferweckung von den Toten nennt.

Nur das Ich, das den Dialog mit sich selber ohne Verdrängung führt, kann zu solcher Furchtlosigkeit kommen. So spricht der Mensch, der aus dem Reichtum des Selbst lebt, der mit sich selber im Einklang ist in dem Sinn, daß sich seine Kräfte nicht im fruchtlosen Kampf verzehren, sondern frei verfügbar werden für den anderen Entwurf der Welt, den Jesus das Reich Gottes nannte.

Es geht also im Glauben nicht darum, daß wir den Reichtum der Individualität einem höheren Ziel opfern müßten. Es geht nicht darum, daß wir aus uns einen Glaubenden machen, der ohne Zweifel oder Beunruhigung die richtigen Sätze sagt. Das Aushalten und Aussprechen des Zweifels ist heute ein Kriterium dafür, wie ein Christ mit sich selber umgeht: ob er sich einer Rolle anpaßt, die ihm zum Beispiel als Pfarrer vorgeschrieben ist, oder ob er er selber zu sein und zu bleiben wagt – dieser Mensch, der manches nicht versteht, manchmal keine Antwort weiß, der Leid bemerkt, vor dem es ihm die Sprache verschlägt. Glauben heißt ganz bestimmt nicht, daß wir den Dialog, den wir mit uns selber führen und der so oft »das Selbstgespräch des Leides und der Nacht« ist, wie Gottfried Benn einmal sagt, unterdrükken oder daß wir den Atheisten in uns totschweigen oder ihn nur in ein kirchliches Rollenspiel drängen. Kraftakte des Überich, so gläubig sie aussehen mögen, machen den Glauben unmöglich, weil sie die Ichfähigkeit des Menschen zerstören. Je mehr wir lernen, uns selber anzunehmen, um so weiter entfernen wir uns von dem theologisch verklärten Nihilismus gegen uns selber, der so leicht in Nihilismus gegen andere umschlägt. Der Reichtum des Selbst kann auch im Schmerz bewahrt bleiben, so wie der Einklang des Selbst auch in der erfahrenen Dissonanz erscheint. Christus als der unverstümmelte Mensch hatte die Fähigkeit zu trauern, die vielen Christen, die das Gespräch mit sich selber abschneiden, abhanden gekommen ist. Er konnte den Schmerz ertragen und ihn in der Trauer, die Arbeit bedeutet, sich anverwandeln.

Was immer wir über Jesu Verhältnis zu Gott, oder wie er sagte, zu dem Vater sagen können – es hat wenig mit unsern Vaterbildern und unsern Vaterbindungen zu tun. Gott war für Jesus nicht das entfernte religiöse Gegenüber, das später droben richtet, aber auch nicht das familiär-heimliche Du, das für mich und die Meinen sorgt und überall herrscht. Herrschaft und Sorge sind in Jesu Worten dem Menschen anvertraut, und wenn er sich mit Gott identifiziert, dann nicht so, wie ein Kind sich mit dem starken Vater identifiziert, sondern eher so, wie ein Mann sich mit seiner Frau, eine Frau sich mit ihrem Mann identifiziert: Sie sind füreinander da, sie können sich ihr Leben nicht ohne den anderen vorstellen, sie brauchen sich. Gerade dabei lernen sie, »ich« zu sagen, und weil sie sich getragen fühlen von anderen, können sie nun selber Verantwortung übernehmen. Weil sie angenommen sind, lernen sie, sich selber anzunehmen, was die Voraussetzung dafür ist, andere anzunehmen.

Wie kommt es aber, daß Jesu Ich so stark war? Woher nahm er seine Furchtlosigkeit? Worin beruhte sein Geheimnis? Ich werde mich hüten, hier mit den theologischen Antworten, die sich einigermaßen nahelegen, zu kommen. Diese großen Vokabeln wie Vollmacht oder Gottessohnschaft erklären nichts. Ich kann das Geheimnis Jesu nur verstehen, wenn ich es teile. Ich kann die Furchtlosigkeit nur dann Gnade nennen, wenn ich selber furchtlos geworden bin. Ich kann vom Sohn des lebendigen Gottes nur sprechen, wenn er mein Bruder geworden ist, das heißt, daß ich das gleiche genieße, was er genießt: die gleichen Rechte und das gleiche Glück.

Gibt es ein atheistisches Christentum?

In Jean Pauls Roman *»Titan«* (1800–1803) gibt es ein Abendgespräch zwischen drei Frauen, das unser Thema einführen mag:

Der laute Tag war gedämpft und das Leben friedlich, Ölzweige und ihre Blüten sanken aus dem stillen Himmel langsam nieder. »Dort ist der einzige Ort«, sagte Idoine, »wo der Mensch mit sich und anderen einen ewigen Frieden schließt, sagte so schön zu mir ein französischer Geistlicher.« »Solchen christ-katholischen Jammergedanken«, versetzte Linda, »bin ich so gram wie den Geistlichen selber. Wir können so wenig eine Unsterblichkeit erleben als eine Vernichtung.« »Ich verstehe das nicht«, sagte Julienne, »ach Idoine, wenn es nun keine Unsterblichkeit gäbe, was täten Sie?« – »J'aimerois«, sagte sie leise zu ihr[1].

Ich würde lieben. An dieser Stelle werden drei weltanschauliche Positionen verdeutlicht. Die erste ist die traditionelle, metaphysische, sie wird von der Wirklichkeit der im Roman sprechenden Menschen abgerückt, indem ein in Stand und Ort Entfernter, ein französischer Geistlicher, sie repräsentiert. Für den Dichter ist diese Position ersehnt, erträumt, aber unerschwinglich. Die zweite Position ist die des aufgeklärten Denkens, die von Jean Paul leidenschaftlich kritisiert worden ist, theoretisch und dichtungsimmanent. Der Dichter läßt die Figur, die diese Position vertritt, Linda, einer furchtbaren Täuschung zum Opfer fallen und scheitern. Das bedeutet allerdings nicht, daß der »christ-katholische Jammergedanke« recht behielte. Für uns ist auch diese Position vergangen. In unsere Welt übersetzt, müßte hier ein Positivist nicht nur die Kritik der Metaphysik, sondern auch die Kritik aller Bedürfnisse und Fragen, die zu so etwas wie Glauben an Gott und Unsterblichkeit führen, leisten. Aber Jean Paul läßt es bei dieser geläufigen Alternative von naivem Glauben und ungläubigem Denken nicht bewenden, er skizziert eine dritte Haltung: Wenn es keine Unsterblichkeit gäbe – ich würde lieben – *j'aimerois*. So spricht sich christliche Existenz in einem nachtheistischen Zeitalter aus.

Kann der christliche Glaube solche Amputationen lebend überstehen? Meine erste These lautet:

1 Jean Paul, Titan, Hanser-Ausgabe, München 1963 ff. III 717.

1. *An Christus glauben heißt im Entwurf Christi leben*

Der Glaube an Christus bedeutet nicht mehr und nicht weniger als dieses: in seinem Entwurf leben. Manche meinen, das sei zuviel verlangt; Christus sei für uns doch fern und unerreichbar, eine göttliche Gestalt, den antiken Halbgöttern vergleichbar, von ihm könne man vielleicht sakramentale Teilhabe an der Erlösung erwarten, aber doch nie und nimmer einen Entwurf für das eigene allzumenschliche Leben. Diese Menschen denken von sich selber zu gering, sie erliegen einer Versuchung, die im Neuen Testament als die gnostische beschrieben wird. Das Evangelium ist ihnen ein φάρμαχον ἀθανασίας, eine Unsterblichkeitsdroge. In einer religionssoziologischen Studie über »Religion und Person in der modernen Gesellschaft« wird diese verbreitete Art der Religiosität als »sozial irrelevante Meinungsfreiheit« beschrieben, die nur in der Privatsphäre Bedeutung erlangen kann, und auch dort nur im Sinn der »Meinung«[2].

Andere meinen, es sei doch zu wenig, nur im Entwurf Christi zu leben, es sei nicht das Ganze, der Glaube beinhalte viel mehr, als in dieser Verkürzung ausgedrückt sei. Diese sozusagen pharisäische gesetzliche Versuchung ist die geläufige, weil sie von Kirchen repräsentiert wird. Man gibt zwar heute zu, daß der Glaube eine Existenzbewegung sei, also eine bestimmte Art, in der Welt zu sein, zu lieben, zu leiden, zu hoffen; aber das allein scheint dann doch nicht auszureichen. Außer dieser Art Leben muß der Glaube auch noch die Annahme bestimmter Lehrinhalte sein. Er besteht auch aus Vorstellungen und Bewußtseinsinhalten, die sich in

2 Vgl. Th Luckmann, Das Problem der Religion in der modernen Gesellschaft. Reihe »Soziologie«, Rombach Verlag 1963.

spezifischen Sätzen fassen lassen, sogenannten Glaubenssätzen, wie zum Beispiel: Jesus von Nazareth wurde von einer Jungfrau geboren, er stand nach seinem Tod wieder auf, die von ihm handelnde Schrift ist das Wort Gottes und andere mehr. Die Anzahl dieser Sätze schwankt zwar in den einzelnen Konfessionen und Richtungen, aber das Fürwahrhalten einiger dieser Heilstatsachen scheint überall nötig, und die These, daß der Glaube »im Entwurf Christi leben« sei, gilt als eine »Verkürzung«, der gegenüber das »volle« Bekenntnis gefordert wird. Aber was hat es mit diesem »vollen« Bekenntnis auf sich? Ist es nur die größere Menge zu glaubender Sätze, oder ist das Glauben selber etwas anderes, wenn es sich auf Sätze gründet?

Man kann sich das Problem leicht klarmachen, wenn man nach den Kosten eines Bekenntnisses fragt, also nach dem, was ein Mensch, der etwas bekennt, aufs Spiel setzt – etwa an sozialem Ansehen, an Freundschaften, an Möglichkeiten zu arbeiten, in Grenzfällen an Leben. Da nun in den westlichen Ländern eine sozial zwar irrelevante, privat aber großen Spielraum gewährende Meinungsfreiheit herrscht, ist das Bekenntnis etwa, daß Jesus Christus von den Toten auferstanden sei, ohne alle Kosten oder Risiken für den, der es ausspricht. Es ist – wie jede andere, die wirtschaftliche, soziale und politische Ordnung nicht antastende Meinung – gesellschaftskonform, und der ältere Sinn des Bekenntnisses, bei dem ja in der Tat einiges auf dem Spiel stand, ist durch die »sozial irrelevante Meinungsfreiheit«, die der substantielle Inhalt einer gewährten Religionsfreiheit ist, zerstört.

Als Martin Luther King in Alabama die zweifellos richtigen Glaubenssätze des Evangeliums predigte, geschah weder ihm etwas noch durch ihn etwas. Als derselbe Mann begann, den Entwurf Christi zu leben, da mußte er die Konsequenz dieses Entwurfs am eigenen

Leibe erfahren. Als seine Freunde die Auferstehung Christi bekannten, änderte sich nichts. Als sie die *city of resurrection* bauten, kamen sie ins Gefängnis.

Was in solchen Gegensätzen gedacht ist, läßt sich nicht auf die banale Formel vom »Lippenbekenntnis, zu dem freilich Taten hinzutreten müssen«, bringen. Das Bekenntnis zu bestimmten Sätzen ist selber sinnleer, der Glaube selber verdirbt, wo er zur Anerkennung von Sachverhalten versteinert, die in Lehrsätzen formuliert und in ein System miteinander verknüpfter ewiger Wahrheiten gebracht wurden. Die hier gemeinte Kritik an einem Glauben, der mehr sein will als »im Entwurf Christi leben«, geht auf Martin Buber zurück, der in seiner Schrift »Zwei Glaubensweisen« scharf unterschieden hat zwischen dem *»ich glaube, daß . . .«* und *»ich glaube an . . .«*. »Daß ich zu jemand Vertrauen habe, ohne mein Vertrauen zu ihm zulänglich begründen zu können«, ist die eine Glaubensweise; die andere, »daß ich, ebenfalls ohne es zulänglich begründen zu können, einen Sachverhalt als wahr anerkenne«[3]. Buber wirft dem Christentum vor, daß es sich entgegen der Intention Jesu für die zweite, deformierte Form des Glaubens entschieden habe. Über das theologiegeschichtliche Recht dieses Vorwurfs möchte ich hier nicht streiten. Mir scheint wichtiger, Bubers Sachargument im Auge zu behalten, und zwar in seiner heutigen, in der Konsumgesellschaft gegebenen Zuspitzung, in der das »ich glaube, daß . . .« zur bloßen Meinung geworden ist im Gegensatz zu den traditionalen Glaubensinhalten, die jeweils Verschlüsselungen des menschlichen Existierens gewesen und nie unabhängig vom Existieren gedacht, formuliert und tradiert worden sind. Sie gehörten in eine Symbolsprache der Gnade, die Menschen erfahren haben, sie drückten Erfahrungen aus, die Menschen – im

3 M. Buber, Zwei Glaubensweisen, München 1950, 5.

Entwurf Christi lebend – gemacht haben; als aufsagbare Lehren der Qualität $2 \times 2 = 4$ aber sind sie mißverstanden.

Im Entwurf Christi leben bedeutet: leben, wie er gelebt hat. Es bedeutet: seinen Traum realisieren. Es ist hier nicht meine Aufgabe, den Entwurf Christi zu entfalten. Ich vermute, daß die meisten ein Verständnis oder mindestens ein Gespür dafür haben, was der Entwurf Christi enthält und was er ausschließt. Ich beziehe mich darum hier nur auf eine einzige Geschichte, die wir alle kennen, nämlich von dem Mann, der, unter die Räuber gefallen, auf der Straße von Jerusalem nach Jericho lag. Ein Priester und ein Levit sahen den Halbtoten dort liegen und gingen vorüber. Wir wissen von diesen beiden nur ihren Beruf, aber der berechtigt zu der Annahme, daß es sich um Theisten gehandelt hat. Damit meine ich, daß sie in ihrem Denken, Fühlen und Handeln bezogen waren auf ein höheres, unsichtbares Wesen. Wenn ich diese Geschichte etwas ins Gegenwärtige zu übersetzen versuche, so möchte ich sagen: Ein Mensch, nein, ein ganzes Volk lag auf der Straße zwischen Da Nang und Hué und war unter die Mörder gefallen, und die Christen verschiedener Denominationen gingen vorüber und sahen auf ihren Fernsehschirmen, was da geschah, und beteten fleißig weiter. Schließlich kam noch ein Ungläubiger, ein Atheist vorbei – aber ich brauche die Geschichte nicht weiter zu erzählen. Dieser Atheist aus Samaria realisierte den Traum Christi, der darin besteht, daß der Mensch anderen der Nächste wird.

Jesus hat die Geschichte für einen Mann erzählt, der ihn fragte, was man tun müsse, um das ewige Leben zu gewinnen. Jesus gab ihm zunächst eine Antwort, die sich der Schriftgelehrte auch selber hätte geben können, so korrekt und traditionell war sie: man müsse Gott und den Nächsten lieben. Damit provozierte er den Schriftgelehrten zu einer weiteren Frage, die sein Herz offenbarte. Er fragte nämlich nicht: Wer ist denn mein Gott? Darauf wäre innerhalb der jüdischen Tradition leicht zu antworten gewesen, und auch die heutigen Theisten könnten auf diese Frage sehr leicht antworten mit dem Hinweis auf die Heilstatsachen, die zu glauben, und die Gebote, die zu erfüllen sind. Allerdings hätten wir damit nichts über das wirkliche, das erfüllte, das ewige Leben erfahren. Was es damit auf sich hat, das kommt zutage in der grotesken Frage, die der Schriftgelehrte damals stellte: Wer ist denn mein Nächster? Diese Frage erwächst aus der Blindheit, die man am besten mit dem Ausdruck »Hölle« bezeichnet. Wer so fragt, muß isoliert und vollständig wahrnehmungsunfähig sein. Wenn es stimmt, was Jesus behauptet, daß das ewige Leben davon abhängt, was zwischen Jerusalem und Jericho auf der Straße geschieht, dann ist diese Frage »Wer ist denn mein Nächster?« ein Signal der Hölle. An Gott war für diesen Schriftgelehrten keine Frage und kein Zweifel, er war zweifellos Theist genau wie die Leute, die an dem Elend vorübergingen. Aber Jesus hat sich nicht für die Meinungen von Leuten interessiert, was die Existenz eines himmlischen Wesens anbelangt, sondern dafür, ob der Mensch dem anderen der Nächste oder der Ferne, der Unbetroffene, der Gleichgültige wird.

2. *Der Entwurf Christi setzt die theistische Weltanschauung nicht voraus* (auch wenn Jesus von Nazareth Theist war); *die Berufung auf Gott fügt dem Entwurf Christi nichts hinzu.*

Ich erläutere diese These anhand eines Gleichnisses, das der englische Philosoph Anthony Flew in die Debatte gebracht hat:

»Es waren einmal zwei Forschungsreisende, die kamen zu einer Lichtung im Dschungel, wo viele Blumen und Kräuter wuchsen. Da sagte der eine Forscher: ›Es muß einen Gärtner geben, der dieses Stück Land bebaut.‹ Der andere widersprach: ›Es gibt keinen Gärtner.‹ Da schlugen sie ihre Zelte auf und überwachten die Lichtung. Aber kein Gärtner ließ sich blicken. ›Vielleicht ist es ein unsichtbarer Gärtner.‹ So zogen sie einen Zaun aus Stacheldraht und setzten ihn unter Strom. Und sie schritten ihn mit Spürhunden ab . . . Kein Schrei aber ließ jemals vermuten, daß ein Eindringling einen Schlag bekommen hätte. Keine Bewegung des Drahtes deutete jemals auf einen Unsichtbaren hin, der hinüberkletterte. Dennoch war der Gläubige noch nicht überzeugt. ›Es gibt Gärtner, unsichtbar, unberührbar, unempfindlich gegen elektrische Schläge, einen Gärtner, der keine Spur hinterläßt und keinen Laut von sich gibt, der aber heimlich kommt und sich um den Garten kümmert, den er liebt.‹ Schließlich sagte der Skeptiker verzweifelt: ›Was ist denn eigentlich von deiner ursprünglichen Behauptung übriggeblieben? Wie unterscheidet sich denn dein unsichtbarer, unberührbarer, ewig ungreifbarer Gärtner von einem eingebildeten oder gar von überhaupt keinem Gärtner?‹«[4]

Welches Interesse hatte der gläubige Forscher an der Behauptung, daß da ein Gärtner sein müsse? Zunächst suchte er eine Erklärung für die Entstehung der Lichtung. Damit vertritt er die ältere Form des theistisch-religiösen Denkens, in dem man zur Erklärung der Welt und vieler ihrer Einzelerscheinungen einen Gott brauchte. Gott wohnte in der Lücke, die die unbegreifliche Welt dem Verstand bot. Die Aufklärung hat dieses theistische Weltverständnis zerstört, indem die Lücke für Gott immer kleiner wurde, die Bemühung Gottes für Erklärung eines Zusammenhanges immer unnötiger oder Gott immer funktionsloser. »Ich brauche diese

4 Zitiert bei J. A. T. Robinson, Eine neue Reformation? Chr. Kaiser Verlag 1965.

Arbeitshypothese nicht«, soll der Astronom Laplace gesagt haben, als Napoleon ihn fragte, wo denn Gott in seinem System stehe. Der Versuch, Gott als Lückenbüßer für die Nebelflecken im wissenschaftlichen Weltbild heranzuziehen, kann wohl als eine Art Aberglaube bezeichnet werden. Gott ist – so John A. Robinson – für den Intellekt überflüssig. Das heißt, er spielt keine konstitutive Rolle für Leute, die Medizin oder Flugzeugtechnik betreiben, und zwar auch dann nicht, wenn sie an ihn glauben.

Das zweite Interesse des Forschers im Gleichnis, der an der Gärtnerhypothese festhalten will, ist ein emotionales, ein Wunsch nach Geborgenheit oder Trost. Der Gärtner, der heimlich kommt und nach dem Garten sieht, entspricht einem Kindheitsbedürfnis. Das Kind hat die eigene Hilflosigkeit und die große Übermacht, die Allmacht der Erwachsenen, erfahren. Dieses Gefühl der Hilflosigkeit wird in der theistischen Religiosität konserviert, vor allem dort, wo die eigene Hilflosigkeit technisch oder gesellschaftlich noch wenig bewältigt oder überwunden ist, zum Beispiel in bestimmten ländlichen Gegenden oder unter Frauen, denen die von der Gesellschaft diktierte Rolle der Hilflosigkeit lange als naturgegeben erschien. Je erwachsener der Mensch wird, um so mehr lernt er die eigene Hilflosigkeit zu überwinden. Er findet von der passiven Erwartenshaltung zu seiner weltgestaltenden Kraft, in der die Geborgenheitssehnsucht immer mehr aufgelöst wird in die Fähigkeit hinein, selbst Geborgenheit für andere – etwa Kinder – zu werden. Gott ist dann – so wieder Robinson – für das Gefühl entbehrlich.

Die Geschichte von den beiden Forschern im Urwald hat aber noch eine andere Pointe. Wenn weder das kosmologische noch das emotionale Interesse des gläubigen Forschers befriedigt werden kann, so fragt der Skeptiker am Ende mit Recht, was denn von diesem Gott übriggeblieben sei beziehungsweise was denn der Rekurs auf diesen Gott, der weder wirkt noch eingreift, ausmache. Das bedeutet, Gott ist funktionslos in diesem Streit, und die Vokabel Gott tut zu dem Garten, zu seinem Verständnis und zu seiner Bebauung nichts hinzu. Gott ist den »Tod der tausend Qualifikationen« (A. Flew) gestorben, alles, was der Begriff Gott früher leistete, kann nun mit anderen Begriffen genauer gesagt werden. Auch wenn der Gärtner als existent nachgewiesen würde, würde sich das Verhalten der Forscher nicht ändern. Was ändert sich für unser Leben, so müssen wir demnach fragen, wenn Gott ist? Was macht es für den Samariter aus, ob Gott existiert oder nicht? Und was macht es für den Mann, der unter die Räuber gefallen ist, aus? Wird die Wahrheit der Liebe, wie sie im Entwurf Christi erscheint, zu einer anderen durch die Berufung auf Gott? Fügt Gott der Sache Jesu etwas hinzu? In der Geschichte der Kirche läßt sich eher das Gegenteil erweisen. Die Berufung auf Gott ersparte das Nachdenken, aber vor allem ersparte sie die Liebe. Sie verharmloste die Enttäuschungen, die zum Entwurf Christi gehören, sie nahm die Auferstehung für sich in Anspruch, aber nicht das Kreuz, das aus der alles für den anderen wagenden Liebe entsteht. Und schlimmer noch: Die Liebe, die sie in Gott der Wirklichkeit entrückten und entzogen, erlaubte ihnen die Ausbeutung und Vernichtung anderer, weil jeweils das Kreuz, das man sich selber spart, zu dem wird, an das andere gehängt werden – die Juden, die Indios, die Schwarzen, die Proletarier, heute die Hungernden in der Dritten Welt. Theismus ist eine Hilfe bei der Verdrängung entscheidender Probleme.

Authentisch christliches Verhalten ist heute praktisch a-theistisches Verhalten, und die Annahme oder Ablehnung eines himmlischen Wesens ist für den Entwurf Christi ohne konstitutive Bedeutung. Dies war nicht immer so. Zu einer Zeit, in der das Verhältnis des Menschen zur Natur und sein Dasein in der Gesellschaft noch dem kindlichen der Ohnmacht und der Hilflosigkeit angenähert war, hatte die Berufung auf Gott – gegen die bedrohenden Mächte der Natur, gegen Krankheit und frühen Tod, Überschwemmung und Mißernte, Krieg und Gewalttat – ihren konkreten Sinn. Die reale Basis der mangelhaften Produktionsverhältnisse ließ ihn nach hilfreichen Göttern Ausschau halten. Das Bewußtsein projizierte die geträumte Kraft und Macht auf das göttliche Wesen. Wo immer der Mensch an die eng gesteckten Grenzen seiner Verwirklichung kam, da bat er nicht nur um Hilfe, sondern da konnte ihn die Bitte um Hilfe auch tatsächlich stärken, weil sie ihm Hoffnung, Gewißheit und das Gefühl, den blinden Mächten gegenüber recht zu haben, schenkte.

Der Sinn des Gebetes, der in allen Hochreligionen nicht in der materiellen Erfüllung der Bitte liegt, erschien in der umfassenden Selbstreflexion, in die der Mensch betend geriet; das Gebet änderte ihn, es brachte ihn zu größerer Klarheit, Bewußtheit und größerer Hoffnung. Es machte ihn menschlicher – und in diesem Sinne kann man sagen, daß kein echtes Gebet je verlorengegangen ist oder ohne Antwort blieb.

Es scheint mir darum wenig sinnvoll, die Frage nach Gott unter den Kategorien Illusion oder Realität zu diskutieren. Und zwar deswegen, weil diese Kategorien ungeschichtlich gedacht sind, einem geschichtsfreien, von der Naturwissenschaft geprägten Denken entstammen. Es läßt sich historisch zeigen, daß das Bewußtsein von Gott für Menschen offenbar nötig war und daß es sie zu anderen gemacht hat. Es wäre zum Beispiel unsinnig, diesen wirksam gewordenen Gott Augustins oder Luthers zu leugnen. Und die aus der ersten Phase der Aufklärung, deren Geschichtsbewußtsein noch wenig entwickelt war, stammende Meinung, daß sie solche

Wirkungen »nur« einer Illusion verdanken, trägt zur Erkenntnis Luthers oder Augustins nicht das geringste bei. Nicht besser steht es aber um die entgegengesetzte Behauptung, daß Gott eine objektivierbare, ansichseiende, bewußtseinsunabhängige Realität sei. Das historische Bewußtsein zwingt uns, hier zurückzufragen: für wen denn? Und das pure Faktum, daß wir die Entstehung von nachtheistischen technischen Kulturen in Ost und West erleben, relativiert die ältere religiös-metaphysische Meinung. Es läßt sich also zwar sagen, daß das Bewußtsein von Gott, die geglaubte Realität Gott einige Menschen auf einen Weg gebracht hat, der sie menschlicher, und das heißt: liebesfähiger gemacht hat. Es ist aber die Frage, ob sich das heute auch sagen läßt, und ob nicht heute »Gott« weithin ein ideologisches Alibi der eigenen Liebesunfähigkeit geworden ist.

Einst entsprach der real erfahrenen Ohnmacht der Glaube an die göttliche Macht; genau – es war immer noch besser, sich Gott ausgeliefert zu wissen als dem Wetter, dem Tyrannen oder der Krankheit. Ist diese ursprüngliche kindliche Ohnmacht aber in ihren natürlichen und gesellschaftlichen Ursachen erkannt und kann sie daher in sehr vielen Dingen real und in einigen erst potentiell aufgehoben werden, so kann ein Bewußtsein, das den alten Zustand der Ohnmacht religiös konserviert, nur als ideologisch bezeichnet werden. Der Überbau entspricht der Basis nicht mehr. Daher sehen sich die Repräsentanten des Überbaus genötigt, die weitere Entwicklung zu ignorieren, abzuleugnen oder zu hemmen. Die dritte These lautet:

3. *Praktischer Theismus ist Rechtfertigung der bestehenden Verhältnisse; christlich handeln heißt heute praktisch atheistisch handeln.*

Wer Antibabypille oder Düngemittel nicht kennt, mag ein Recht haben, in diesen Angelegenheiten zu beten. Wer sie hat, kommt nicht mehr auf den Gedanken. Wer sie kennt, aber nicht hat, hat kein Recht, zu beten – er soll sie sich besorgen. Das theistische Verhalten ist in unserer Welt eine Art beten, daß kein Baby kommt. Es wartet auf Gottes Eingreifen, darin ist es antichristlich. Mit Hilfe des Theismus verlängern wir die eigene Ohnmacht und rechtfertigen wir die bestehenden Zustände. Der praktische Theismus ist Attentismus, eine naive Erwartungshaltung; weil die Natur des Menschen sich gleichbleibt – oder die da oben alles machen –, erträgt man und schweigt. Ein schönes Beispiel für praktischen Theismus als Rechtfertigung der Verhältnisse in den Kirchen ist die Vietnam-Diskussion: Man darf in den Kirchen zwar beten für Vietnam, man darf sich also theistisch-ohnmächtig verhalten; die atheistischen Verhaltensformen aber, die Informationen, die Diskussion und der Protest, werden aus dem Kirchenraum vertrieben. Mit Hilfe der theistischen Ideologie bekämpfen Generalvikariat und Verfassungsschutz jeden Selbstausdruck der Christen, der die bestehenden Macht- und Wirtschaftsverhältnisse antastet. Hier ist ein Modell zu sehen, ein Beispiel des praktischen Theismus, der die Veränderung der Welt im Beten Gott überläßt, in Wahrheit sie den bestehenden Machtverhältnissen untertan macht.

Der Theismus ideologisiert so die Wirklichkeit und macht seine Anhänger in eins damit leidensunfähig, immun gegen die Schmerzen anderer. Zum Theismus gehört ein Verständnis der Auferstehung Christi, das den überweltlichen Sieg Christi feiert auf Kosten derer, die empirisch nichts von ihm haben. Theismus paktiert heute mit dem Sieg, er verleugnet das Kreuz, indem er es metaphysiziert.

Wir müssen als Christen handeln wie Jesus selber, nämlich die ganze Verantwortung übernehmen. Es gibt keinen Vater, der für uns die Verantwortung übernähme und jeweils bei unserem Versagen einspränge. Theismus ist in unserem Weltzustand ein Alibi für die verweigerte Liebe. Praktisch ist jedes christliche Handeln heute atheistisch: Es wird kein Eingreifen eines höheren Wesens erwartet. Der unsichtbare, unfühlbare Gärtner, der nicht eingreift, ist so gut wie kein Gärtner; was aus dem Garten wird, ist unsere Sache. Der Atheismus des Handelns ist also nicht nur eine Frage der Erkenntnis, deren Lücken sich mehr und mehr verschließen. Er gehört zur Sache Jesu selber. Denn Theismus bedeutet in unserer Welt: Gott und die Liebe auseinanderreißen. Gott wird dabei in den unerreichbaren Himmel, in das Jenseits verlegt; die Liebe wird als eine Art karitativer Erleichterung schwerer Schicksale auf der Erde praktiziert. Aber der Entwurf Christi hat niemals Gott versprochen anstelle der weltverändernden Liebe.

Im August 1967 haben 300 brasilianische Priester ihren Bischöfen einen Brief geschrieben, in dem sie die Situation ihres Landes schildern: die Kindersterblichkeit – von 1000 Kindern sterben 150 im ersten Lebensjahr –, die Unterernährung, die Arbeitslosigkeit, ein Vergleich der Ausgaben für Militär und Polizei mit denen für Schulen und Bildung, die wirtschaftliche Abhängigkeit vom Ausland. Alle diese Dinge werden von den Priestern als religiöse Probleme, als Fragen des Glaubens angesehen; der praktizierte kirchliche Theismus wird scharf verurteilt. Das brasilianische Volk, so schreiben diese dreihundert, werde gemordet und beraubt, zugleich werde es religiös ausgebeutet, weil die meisten Geistlichen »die betont fatalistische und konformistische

Haltung des Volkes bestätigen«, indem sie alle Vorkommnisse und Zustände aus dem Willen Gottes interpretieren. Der Zusammenhang von Theismus und Sakramentalismus wird erkannt. Wörtlich heißt es, daß die »pastorale Maschinerie« den Priester zu einem Gefangenen mache, weil er fast ausschließlich im kultischen Bereich, bei der Sakramentsspendung hervortrete. »Sind die Eucharistie, die Erbsünde, die unbefleckte Empfängnis in der Terminologie und in dem Geist, in dem sie vorgetragen wurden (auf einer Bischofskonferenz), wirklich die großen Probleme des Glaubens heute in Brasilien? Ehrlich, wir glauben es nicht.«[5] Das ist eine radikale Kritik des Theismus aus dem Entwurf Christi heraus. Wenn man fragt, wie es möglich ist, daß die revolutionierende Botschaft des Evangeliums zu einer Ideologie des Bürgertums geworden ist, so wird man den Theismus als Berufung auf den jenseitigen Vater zur Erklärung heranziehen müssen. Solange man glaubt, Gott unmittelbar im sogenannten religiösen Sektor erreichen zu können, so lange werden Gott und die Liebe in zwei nacheinander erfüllbare Gebote aufgeteilt wie bei jenem Schriftgelehrten; daß schon die Frage »Wer ist denn mein Nächster?« das ewige Leben verfehlt, wird geleugnet. Theismus führt in unserer Welt zur Verweigerung der Liebe. Er kann die Welt nicht ernst nehmen, er zerstört den Entwurf Christi, indem er ihn zurückbindet an Gott. Das Gebot der Liebe wird verharmlost, wenn man es als »nur« Irdisches nimmt. Das Gebot und die Realität der Liebe ist Gott, eine andere Wirklichkeit Gottes als diese unsere gibt es nicht.

Gewiß ist heute auch bei den Theologen, die Gott als ein personales Gegenüber ansehen, eine durchgehende Tendenz zum Immanenten, ein »atheisierender« Zug zu

5 Herderkorrespondenz, Januar 1968.

beobachten. Die Theologie scheint tatsächlich bereit, »den Atheismus als eine ihrer wesentlichsten Voraussetzungen zu akzeptieren«, wie ein Kritiker der gesamten Theologie nach Hegel formuliert[6]. Das Gewicht verlagert sich von den dogmatischen Fragestellungen zu den praktischen, das hat die Vollversammlung in Uppsala ebenso deutlich gemacht wie der deutsche Katholikentag in Essen. Visser 't Hooft, der frühere Generalsekretär des Weltrates der Kirchen, sagte in Uppsala: »Uns muß klarwerden, daß die Kirchenglieder, die ihre Verantwortung für die Bedürftigen in irgendeinem andern Teil der Welt praktisch leugnen, ebenso der Häresie schuldig sind wie die, welche die eine oder andere Glaubenswahrheit verwerfen.« Die Meinung in der jüngeren Generation der Theologen geht allerdings über dieses *»ebenso«* weit hinaus: Da sich Gott auch für die nichtatheistischen Theologen zwischen Menschen ereignet, wird die vertikale Reflexion des Glaubens, die auf die Beziehung Gott–Mensch geht, immer nebensächlicher, immer uninteressanter.

Ähnlich geht auch die weltweite Kritik an der Enzyklika *»Humanae Vitae«* nicht von einem ewigen Gesetz aus, sondern von den Bedürfnissen der Menschen. Die Kritiker argumentieren immanent, also nicht von einem die Situation des Menschen transzendierenden Gebot aus, das sich auf eine vorgegebene, als »Natur« deklarierte Ordnung bezieht. Der materiale Inhalt dieser Enzyklika, die in der Tat »theistisch« im hier kritisierten Sinne ist, weil sie Gott und die Bedürfnisse der Menschen auseinanderreißt, ist daher de facto kaum mehr von Interesse. Entscheidend ist, wie sich die theistische Theologie hier in eine Autoritätskrise hineinmanövriert hat, die dem wirklichen Glauben an die Sache Christi nur

6 G. Rohrmoser, Zum Atheismusproblem im Denken von Pascal bis Nietzsche. In: Internationale Dialog Zeitschrift, 1968.

nützen kann, weil sie eine Entscheidung provoziert: Entscheidung zwischen dem, was in der Enzyklika »Gott« genannt wird, und dem Entwurf Christi, der den ganzen Sabbat – was jüdisch bedeutet: die Freude, die Lust des Sabbats – dem Menschen zusprach.

Ferdinand Ebner, einer der Wiederentdecker des personalen Denkens wie Martin Buber, Christ in der Nachfolge Kierkegaards, sagte vor einem halben Jahrhundert:

»Ich denke mir manchesmal, es müsse auch ein Glaube an Christus möglich sein, der hart an der Grenze des Atheismus steht. Das wäre der Glaube eines Menschen, der wohl von sich sagen könnte, wenn er an Christus glauben könne, so könne und müsse er auch an Gott glauben; nicht aber umgekehrt: er glaube an Gott, und da wolle er schließlich auch an Christus glauben.«[7]

Dieser von Ebner geforderte Atheismus, der so nur innerhalb des Christentums möglich ist, nicht im Heidentum, kritisiert aufs schärfste jene heimliche kindliche Sehnsucht nach Entlastung und Geborgenheit, die Ebner das »heimliche Wissen um Gott« nennt. Diese anthropologisch unzulängliche Gottesvorstellung (im Bild des Philosophen der funktionslose Gärtner) wird von Christus aus unmöglich. Ebner schreibt:

»Was ist übrigens Atheismus? Die Leugnung der Existenz Gottes schlechthin? Oder nicht vielmehr die Verleugnung des heimlichen Wissens um Gott? Der Protest eines oberflächlichen Verstandes – ist aber nicht jeder Verstand ein Oberflächenphänomen – gegen dieses Wissen? Oder auch die Empörung . . . über die Sinnlosigkeit dieses heimlichen Wissens um Gott (in der hier gebrauchten Terminologie die Empörung über die Sinnlosigkeit des Theismus), das den Menschen die Jahrtausende seiner Geschichte hindurch immer wieder bewo-

7 F. Ebner, Schriften, Bd. 2, Kösel Verlag, München.

gen und am Ende betrogen hat, Gott und das Göttliche zu denken? Christus deckte die anthropologische Unzulänglichkeit jeder Gottesvorstellung endgültig auf. In ihm war das heimliche Wissen des Menschen um Gott nicht der Anlaß, Gott und das Göttliche zu denken, sondern der Anlaß – man könnte sagen – Gott und das Göttliche zu leben (denn in Christus ist Gott Mensch geworden).«

In dieser Formulierung scheint mir das Entscheidende eines heutigen christlichen Atheismus angedeutet. Gott und das Göttliche werden in der theistischen Tradition immer wieder gedacht, das heißt gegenübergestellt, objektiviert als ein Fremdes, Gegenständliches. Im Entwurf Christi dagegen wird das heimliche Wissen des Menschen um Gott – das heißt seine Sehnsucht – zum Anlaß, Gott und das Göttliche zu leben. Die vierte These lautet:

4. *Der Sinn des christlichen Atheismus ist, »Gott und das Göttliche zu leben«.*

Die traditionelle Stufenfolge des Glaubens enthielt den Glauben an Gott als Voraussetzung für den Glauben an Christus. Heute scheint es mir umgekehrt – das Leben im Entwurf Christi ist eher allgemein und verständlich, was nicht heißt praktiziert, aber doch das, worauf Menschen sich in unserer Kultur einigen können als die säkulare Bedeutung des Evangeliums. Erst von diesem Entwurf Christi aus können wir nach Gott fragen. Aber diese Frage heißt nun nicht mehr, ob Gott ist oder nicht, sondern wo Gott sich ereignet.

Lebte Christus heute, er wäre Atheist. Er wäre wie alle andern, ohne spezifische Vorteile, er wäre auch heute nicht in einem Palast, in dem man die Sorgen und Angst der gewöhnlichen Leute nicht kennt, geboren; auch nicht in einem religiösen Palast, in dem die ungebrochene Gewißheit des Daseins Gottes, das kindliche Vertrauen auf den Vater, dem einzelnen zufällt. Es ist ungenau, wenn wir die Armut Jesu nur als etwas Äußerliches auffassen und ihm dafür einen religiösen Reichtum zuschanzen, der ihn mehr von den Leuten trennt, als Gold und Edelsteine es könnten. Die Solidarität Christi mit den Armen wäre mißverstanden, wenn sie sich von oben, aus der theistischen Sicherheit, herunterneigte gegen die Armen. Christus war wie wir, das heißt, er lebte ohne Rückendeckung. Seine Freunde und seine Feinde waren gleicherweise bemüht, ihm eine Rückendeckung zu besorgen. Sie forderten ihn auf, sich durch Wunder zu beweisen, Steine in Brot zu verwandeln oder vom Kreuz herabzusteigen. Hätte er sich theistisch verhalten – auf das Eingreifen einer transempirischen Macht bezogen –, sie hätten ihm geglaubt. Aber Christus hatte nicht auf Macht gesetzt, auch nicht auf die Gottes. Er hat Gott nicht als ein Fremdes, Anderes gedacht, das uns Armen helfen kann, er hat vielmehr »Gott gelebt«, wie Ebner sich ausdrückt.

Selbstverständlich macht auch der Entwurf Christi bestimmte Voraussetzungen, die nicht abgeleitet werden können oder die einer rationalen Begründbarkeit entraten. Die Voraussetzungen seines Entwurfs gründen aber nicht in einer theistischen Anschauung, sondern in einigen anthropologisch faßbaren Bedürfnissen von Menschen. Es sind die Bedürfnisse nach Sinn, Ziel, Begründung und Verwirklichung eines authentischen Lebens; Fragen und Bedürfnisse, die nicht – wie die Positivisten meinen – sinnleer sind. Voraussetzungen des Glaubens, die nicht bewiesen werden können, sind, daß jedem die Chance des ewigen Lebens gegeben wird, daß unsere Bedürfnisse unendlich sind, was zugleich bedeutet, daß nur Liebe sie stillen kann. Läßt man sich auf diese Voraussetzungen ein, so wachsen sowohl die Chancen dieser Art Leben wie auch die Erfahrung von der Zerstörbarkeit dieses Lebens Gottes. Aus dieser Erfahrung des Negativen, der nicht-aufhebbaren Ungerechtigkeit, des sinnlosen Sterbens, der nicht zu sich selber findenden Menschlichkeit erwächst die Forderung nach Gottes Reich, das für alle Hoffnungslosen dasein muß. Meine fünfte und letzte These heißt daher:

5. *Der Entwurf Christi setzt den Glauben an Gott nicht voraus, aber er postuliert das Ereignis Gott für alle Menschen.*

Wir haben heute kein System, das die aufgewiesenen logischen und theo-logischen Schwierigkeiten harmonisieren könnte. Über den Widerstreit von Atheistsein, den Entwurf Christi realisieren und darum Gott verlangen komme ich nicht hinaus. Das Verlangen nach wirklichem, das heißt ewigem Leben auch für die, die niemals gelernt haben zu lieben und deren Fähigkeit, ein Mensch zu werden, vollständig zerstört worden ist, transzendiert den Bereich unserer Erfahrungen, ohne daß wir uns theistisch trösten könnten. Daß der Unschuldige um sein Leben betrogen wird und in die innerweltlich verstandene Hölle kommt, das kann ich nicht theistisch verrechnen; aber ich kann diesen Unschuldigen auch nicht atheistisch fallenlassen. Der theistische Trost macht uns kein in Auschwitz vergastes Kind wieder lebendig, er vermag uns nicht mehr zu beruhigen. Ebensowenig vermag es die trostlose atheistische Banalität. Der Entwurf Christi gibt nichts und niemanden auf, darin trotzt er den sich selbst bescheidenden Humanismen. Einer der größten nichtchristlichen Humanisten in unserem Jahrhundert, Sigmund Freud, hat in »Die Zukunft einer Illusion« auf die Einwände eines religiösen Partners geantwortet:

»Wir erhoffen dasselbe, aber Sie sind ungeduldiger, anspruchsvoller und – warum soll ich es nicht sagen – selbstsüchtiger als ich und die Meinigen. Sie wollen die Seligkeit gleich nach dem Tod beginnen lassen und verlangen von ihr das Unmögliche und wollen den Anspruch der Einzelperson nicht aufheben. Unser Gott λόγος wird von diesen Wünschen verwirklichen, was die Natur außer uns gestattet . . . eine Entschädigung für uns, die wir schwer am Leben leiden, verspricht er nicht.«[8]

Die hier ausgesprochene Beschreibung des Glaubens entspricht dem Entwurf Christi und seinem äußersten Anspruch für jeden Menschen. Die Hoffnung, die Christus in Menschen entzündet hat, setzt sich gegen die Selbstbescheidung der Vernunft. Wenn Christus heute wiederkäme, wäre er Atheist, das heißt, er könnte sich auf nichts anderes als auf seine weltverändernde Liebe verlassen. Nicht aus Selbstbescheidung wäre er Atheist oder aus Einsicht in die Grenzen unserer Möglichkeiten. Er wäre Atheist gerade deswegen, weil er alles für alle wollte.

8 S. Freud, Das Unbewußte. Schriften zur Psychoanalyse, Frankfurt/M. 1960, 335.

Der Glaube in einer nachtheistischen Welt

Ein Gespräch mit Christen in der DDR

1. Podiumsgespräch

Sölle: Ich habe meine Aufgabe hier eigentlich nur als eine einleitende und vielleicht provozierende verstanden, daß ich versuche, die im Thema genannte Problematik anzureißen.

Ich glaube, daß heute an vielen Stellen der Welt Versuche unternommen werden, christlichen Glauben ohne Rückgriff auf ein Gottesverständnis, wie es uns überkommen ist, zu formulieren. Ich denke nicht nur an die amerikanische Gott-ist-tot-Theologie, sondern auch an Versuche in Europa, in Frankreich etwa an Jean

Cardonell, einen französischen Dominikaner, der ein Buch geschrieben hat: »Dieu est mort en Jésus Christ«. Auf deutsch heißt es – etwas abgeschwächt, um der Zensur zu entgehen –: Gott in Zukunft (München, Pfeiffer). Wenn man an revolutionäre Priestergruppen in Brasilien denkt, könnte man dort eine ähnliche Konzeption christlichen Glaubens und christlicher Existenz finden, die jedenfalls auch dann, wenn sie theoretisch das Problem eines nachtheistischen Glaubens nicht durchreflektiert, faktisch doch nicht mehr auf das, was theistisch Gott genannt werden kann, rekurriert. Dieser neue Versuch, der an vielen Stellen gemacht wird, geht aus von der *einen* Welt, in der wir leben, von der einen Zeit, die wir haben, von dem einen Raum, in dem wir sind. Und er verbietet sich zu rekurrieren auf eine zweite Welt, auf eine zweite Zeit, auf einen zweiten Raum. Nun, für den Raum ist das relativ einfach. Das ist tatsächlich Kinderglaube, wenn man sich Gott im Himmel vorstellt. Aber schon bei der Zeit wird es schwieriger, denn viele, die die naiv mythische Raumvorstellung preisgegeben haben, halten an der ebenso naiven Zeitvorstellung in der Gestalt einer praenatalen und postmortalen Existenz fest. Sie verharren also an einem Punkt, der weniger handgreiflich ist als der des Raumes, eigentlich in der gleichen mythischen Welt. Sie spiegeln das, was hier ist, die Wirklichkeit, die wir erfahren, noch einmal in einer Form von Überwelt. Und der zentrale Punkt der Überwelt ist natürlich die Vorstellung von einem Überwesen, von einem himmlischen Wesen, einem göttlichen Wesen, das in dieser Überwelt in einer wie immer zu denkenden Form existiert.

Nun, wenn viele heute entschlossen sind, damit aufzuhören, sich also Ausflüge in diese Überwelt nicht mehr zu erlauben und den christlichen Glauben nicht mehr zu bestimmen durch ein Rekurrieren auf diese Überwelt oder auf diese Überperson, dann hat das natürlich für den Glauben, der sich in einer Sprache historisch formuliert hat, die durchaus mit einer Überwelt rechnete, Konsequenzen. Die meisten Schwierigkeiten des Glaubens scheinen heute an diesem Punkt zu entstehen, wenn man versucht, das Christentum diesseitig zu formulieren – wenn jemand eine Tradition suchte, dann wäre natürlich Bonhoeffer als einer der ersten zu nennen; das ist so selbstverständlich, daß ich erst nicht daran gedacht habe – oder die Diesseitigkeit des Christentums zu entdecken und zu versuchen, die Aussagen der Tradition so zu übersetzen, daß ihre Substanz nicht verlorengeht, aber zugleich der Rückgriff auf eine Überwelt überflüssig wird beziehungsweise daß wir uns nicht mehr weltbildlich daran klammern müssen. Oder anders: daß der Glaube keine Vorleistungen mehr hat. Denn auch die Vorstellung des Theismus, daß man zunächst an ein Himmelswesen, an einen Gott glauben müsse, ehe man in den christlichen Glauben oder in den Glauben an das Leben mit Jesus Christus eintreten könne, ist eine Art Vorleistung weltanschaulicher Art, so als müsse man erst anerkennen, daß Gott sei, und dann erst könne man sich auf die Botschaft Jesu einlassen, als könne man sich erst dann darüber Gedanken machen, ob man diese Botschaft Jesu annehmen wolle oder nicht. Als seien das zwei voneinander getrennte Schritte. Wir meinen, daß diese Formen des Theismus nicht nur weltbildlich in rationalem Sinne überholt sind, weil die Wissenschaft unterdessen sehr viele Dinge, die wir mit der theistischen Gottesvorstellung früher erklären konnten, anders erklärt, sondern daß sie auch existentiell schädlich sind.

Ich möchte das an einem Bild zeigen, das der eben schon erwähnte französische Theologe gebraucht hat. Er spricht in seinem Buch von drei verschiedenen Gottesvorstellungen. In einem Bild sagt er: Die erste Gottesvorstellung geht dahin, daß Gott, der Herrscher des Universums, der das Universum geschaffen hat, omnipotent, jederzeit zu jedem Eingriff mächtig und autonom ist. Autonom heißt hier: Er ist vollkommen unabhängig von dem, was er geschaffen hat. Er kann alles und braucht niemanden. Das sind die Wesensmerkmale dieses weithin in den Gottesvorstellungen der Menschen herrschenden Gottes. Cardonell nennt ihn in einem Bild: den großen Herrn der Jagd. Er sagt, es mache diesen Gott weder größer noch glücklicher, irgendeinen von uns erschaffen zu haben. Denn dieser Gott braucht niemanden, es ist eigentlich eine verlängerte, wenn ich mich theistisch ausdrücken will, eine gesteigerte, potenzierte Aseität. Und wenn wir von dieser Aseität Gottes ausgehen, dann müssen wir uns fragen, ob wir nicht damit tatsächlich diesen großen Jagdherrn, der unabhängig ist und autonom, meinen. – Eine zweite Vorstellung nennt Cardonell die, daß der große Jagdherr für einige dreißig Jahre auf seine Seinsverfassung von Autonomie und Unabhängigkeit verzichtet und die Seinsverfassung des Wildes, des Gejagten angenommen hat. Dies ist aber innerhalb dieser Gottesvorstellung nur eine akzidentielle, also eine zufällig hinzukommende Qualität gewesen, die dann nach den dreißig Jahren wieder aufgehoben worden ist. Und das omnipotente Himmelswesen ist wieder in Macht gesetzt. – Nun, es ist leicht zu erschließen, welches die dritte Vorstellung ist. Es ist die, daß Gott immer schon das Wild ist, der Gejagte. Daß er nie etwas anderes war, daß er nichts von all diesen Eigenschaften, die wir ihm zugedichtet haben, Omnipotenz, Macht, Souveränität, Autonomie, Aseität, hat, sondern daß er immer schon das Wild ist, wie Cardonell sagt. Sie werden vielleicht einwenden, daß die erste Möglichkeit eine gewisse Karikatur sei, aber ich würde sagen, der landläufige Theismus, der in uns allen steckt, kann sich in dieser Karikatur wirklich ausdrücken. Cardonell fragt sich: Wie kommen Menschen dazu, von Gott so zu reden und so zu denken, daß sie ihn so in seiner Aseität und

Machtvollkommenheit, in seiner Herrschaft sehen? Und er gibt darauf die einleuchtende Antwort, die in der Methode schon Feuerbach gegeben hat, die aber hier angewandt wird auf ein Modell: Es ist das, was wir selber uns ersehnen. Auch wir wären am liebsten autark, autonom, von niemandem abhängig, Herren, omnipotent. Unsere Omnipotenzträume, die sicher jeder Mensch hat, verbalisieren sich, indem wir uns ein Himmelswesen dieser Art geschaffen haben. Christlicher Glaube könnte eigentlich dann erst entstehen, wenn wir diesen Gott endgültig verabschieden.

Die zweite Möglichkeit sieht Cardonell sehr stark in den Kirchen und ihren Auslegungen repräsentiert. Man kann sagen, daß dort meist ein Kompromiß geschlossen wird zwischen dem Himmelswesen, also zwischen Gott, dem großen Jagdherren, und Gott, dem zeitweilig auf die große Jagd Verzichtenden, daß sozusagen hier zwei Modelle in gewisser Weise in Konkurrenz liegen, während also die dritte Möglichkeit ein ernsthafter Versuch ist, Gott innerweltlich zu denken, also nicht ihn aus einer Überwelt abzuleiten. Cardonell sagt sehr schön, daß der omnipotente Gott charakterisiert ist durch etwas, was er von selbst hat, nämlich Privilegien. Zu diesem omnipotenten Gott gehört die Vorstellung, Privilegien zu haben. Cardonell sagt, das Wesen der Liebe sei es, keine Privilegien zu haben, keine Privilegien zu dulden. Man könnte vielleicht das Anliegen einer nachtheistischen Theologie beschreiben, indem man einfach sagt, hier wird versucht, den Satz, daß Gott Liebe sei, vollständig zu denken. Oder ihn nicht zurückzuführen, so als sei Gott zunächst irgend etwas und dann auch noch oder manchmal Liebe. Sondern ihn so zu denken, daß radikal ernst damit ist: Liebe und nichts anderes bezeichnet Gott, nicht Allmacht, nicht Omnipotenz, nicht Aseität, nicht Autonomie, all die Eigenschaften, die zu dem großen Jagherren notwendig dazugehören. Cardonell sagt von diesem Gott, daß ihm zu gleichen der größte Schuft sich schämen würde, weil er Macht hat, das Unglück in der Welt zu ändern, und es nicht tut. Und ich muß sagen, das ist für mich auch eines der schlagendsten existentiellen Argumente für eine nachtheistische Konzeption: das ungelöste Problem der Theodizee. Und eine theistische Theologie kann dieses Problem nicht lösen. Sie beschwätzt einen, sie hält einen eigentlich hin, und entweder verweist sie einen auf das unerklärliche Geheimnis und entflieht dem Problem, oder sie versucht auf eine Art, die ich eigentlich als masochistisch empfinde, den Menschen noch weiter zu demütigen und ihm die Schuld zuzuschieben in einer Weise, die man zwar für sich selbst als ein Sündenbewußter übernehmen kann, die man aber in gar keinem Fall für das Leid der Unschuldigen in Anspruch nehmen kann.

Nun, ich meine, man müßte auch aus diesem Grunde, wegen des innerhalb der theistischen Theologie unlösbaren Theodizeeproblems, darauf verzichten, von einem solchen Gott zu sprechen, und man müßte also versuchen, das, was die Tradition mit »Gott« meint, zu beschreiben in Kategorien wie etwa der des Wildes oder des Gejagten, das heißt in Aussageformen, die dann tatsächlich nicht mehr so aussehen können wie die: Gott *ist* das und das . . ., sondern die, um Herbert Braun zu zitieren, davon ausgehen, daß Gott geschieht zwischen Menschen. Gott ereignet sich in unserer Welt, so wie wir sagen: Liebe ereignet sich, Liebe kommt vor. So, in keinem größeren oder anderen Sinne können wir sagen: Gott ereignet sich in dem, was zwischen Menschen geschieht. Und darüber hinaus ist er nicht.

Angenommen, wir Menschen brächten es fertig, diese Welt mit einer Atomexplosion kaputtzukriegen – das ganze Ding ist weg. Es ist eine fast spielerische, eine Gretchenfrage an die Theologen: Ist Gott dann noch? Nun, ich würde sagen, der Gott, der dann noch ist, für den bedanke ich mich. Mit dem will ich nichts zu tun haben. *Das* ist nicht der Vater Jesu Christi.

Sondern das, was Jesus gemeint hat, ist abhängig von denen, die er liebt. Das ist *nicht* frei von uns und *nicht* souverän. Und wenn tatsächlich diese Welt zerstört ist, dann ist auch das, was Menschen unter Gott formuliert haben, weg – man muß das im Ernst sehen. Wenn Sie an Pascals Wette denken, könnte man vielleicht sagen, daß der Glaube ein Versuch ist, darauf zu wetten, daß Gott sei, das heißt, daß das nicht passiert, daß diese Welt zugrunde geht. Das ist eine Wette, die ich mit dem Einsatz meines Lebens versuche, aber ich kann daraus keine Garantie ableiten, daß dieser Gott ist, ob ich oder die Welt oder irgend etwas ist oder nicht. Es gibt keine Garantie.

Die Liebe kann jedenfalls nicht gedacht werden ohne ihre Gegenstände. Sie kann nicht gedacht werden als ein abstraktes Prinzip dieser Art, das dann reine Autonomie und Omnipotenz wäre. Ich schärfe das an dieser Stelle so zu – in der Fragestellung »Was wäre wenn . . .«, einer natürlich spielerischen Fragestellung –, um klarzumachen, wie stark meiner Meinung nach die bestehende Theologie, vor allem eben auch die bestehende kirchliche Praxis, mit dem Jagdherrn verheiratet ist, wie stark sie immer noch von dem großen Jagdherrn aus denkt.

Die Ansätze – wenn ich es jetzt mal mit der »Destruktion« genug sein lassen will – zu dem Positiven wären, daß man vielleicht sagen könnte: Gott geschieht in dem, was zwischen Menschen geschieht. Oder anders gesagt: Gott hat keine andern Augen als unsere, Gott hat keine anderen Ohren als unsere, er hat keine anderen Hände als unsere. Das heißt, wenn ein Mensch zugrunde geht und schreit und *wir* hören ihn nicht, dann hört ihn auch kein anderer. Wir können uns dann nicht vertrösten und sagen: »Das ist ja schrecklich, aber Gott wird es schon machen!« Das ist meiner Ansicht nach ein kindischer

Glaube – dieses »Papa wird' s schon richten« –, indem man abschiebt, was *unsere* Sache ist, und insofern ein *Alibi der verweigerten Liebe* sucht. Wenn Menschen leiden, schreien – und wir sie nicht sehen, dann kann man sich nicht damit trösten, daß der Vater im Himmel sie sieht. Denn das wäre ein Verzicht auch auf die Macht der Liebe. Wir würden damit sozusagen der Liebe, die wir sind oder an der wir teilhaben, in die hinein wir auferstanden sind, zu wenig zutrauen. Wir wären zu ängstlich. Diese Haltung unter dem Vater ist ja ein Stück kindlicher Angst und kindlicher Sehnsucht nach Geborgenheit. Aber erwachsen werden heißt selber Geborgenheit vermitteln, selber Geborgenheit werden für andere und nicht mehr auf Geborgenheit warten.

Gesprächspartner: Sie haben gemeint, das Bild vom großen Jagdherren sei das Gottesmodell (Gottesverständnis) einer theistischen Theologie, aber eben auch zugleich wesentlich typisch für kirchliche Praxis. Meine erste Frage wäre: Ist jedes biblisch verantwortete und um einen biblischen Bezug bemühte Reden von Gott ohne weiteres mit dem Verdikt des Theismus zu belegen? Oder gibt es nicht zwischen dem theistischen Jagherren und dem nachtheistischen oder atheistischen Wild außer diesen beiden Grundmodellen eine Fülle weiterer Möglichkeiten, im Zusammenhang mit biblischen Texten von Gott zu reden, daß noch etwas anderes herauskommt als entweder der Jagdherr, der schon so konzipiert ist, daß man ihn kaum verteidigen kann, oder das Wild. Kann man wirklich das alles so ohne weiteres ausklammern oder theistisch interpretieren, was etwa im Umkreis biblischer Rede von Gott als dem Herrn im Sinne des Gesetzes oder des Vaters im Sinne des Evangeliums gesagt wird? Ich muß gestehen, daß mir die Gottesanschauung Jesu oder das Gottesverständnis oder der Gottesgedanke Jesu eben weder in der Formel des Jagdherren noch in der Formel des Wildes begegnet, sondern da liegen doch andere Tendenzen, und mich würde also einfach interessieren, wie Sie denken über die Möglichkeit, im Rückgriff auf biblische Zusammenhänge noch etwas anderes von Gott zu sagen als das Abgelehnte des Jagdherren und das Angenommene des Wildes?

Damit hängt dann das zweite zusammen. Man könnte ja jetzt auf den Gedanken kommen: Welche Wirkung hat denn nun die Rede von Gott als Wild? Wo in der Berufung auf den Vater Jesu Christi Gott dem anderen nur als Jagdherr erscheinen kann, haben wir völlig versagt. Sofern das geschieht, sofern unsere Botschaft so aussieht, daß Gott der Jagdherr ist, müssen wir von ihr Abschied nehmen. Aber was ist mit dem Bild des Gejagten? Ist es nicht so, daß wir nun in Zusammenhang des Leidens oder des Gejagtwerdens im Grunde genommen nicht mehr deutlich machen können, wieso das für Menschen zu wissen und zu glauben eine Hilfe sein kann. Was nützt mir eigentlich, wenn ich mich selbst als Gejagten oder als Wild fühle, die Zusicherung, bei Gott sei das im Grunde genauso? Müssen wir uns nicht, wenn wir den Sinn der Verkündigung bejahen, wenn wir also meinen, in dem Zusammenhang von Verkündigung stecke etwas, das wir anderswo so nicht entdecken, doch auch bemühen, über das Bild vom Wild hinauszukommen?

Sölle: Was mit dem Bild vom Wild gemeint ist bei Cardonell, ist eigentlich, daß das Schicksal der Liebe in der Welt nicht der Erfolg und nicht die Macht ist, sondern eben umgekehrt das Gejagtwerden. Und dabei ist also entscheidend nicht das Gejagtwerden, das ist nur eine Konsequenz, sondern entscheidend ist ja das Lieben und das deswegen Zugrundegehen oder wie immer. Und ich würde eigentlich sagen: Hier liegt aller Ton darauf, daß in dieser Konzeption Gott nichts anderes, nichts mehr, nicht über dies hinaus als Liebe ist. Und wenn Sie meinen, zwischen diesen beiden extremen Bildvorstellungen vom Vater und Gejagten gäbe es noch viele andere, es gäbe noch verschiedene Modelle, dann würde ich doch fragen: Reicht es Ihnen nicht, daß Gott nichts anderes ist als Liebe, die zwischen Menschen geschieht? Oder meinen Sie, daß Gott ein Wesen ist, das also unabhängig von diesem Charakteristikum, von dieser Essenzbestimmung da ist? Hier könnte vielleicht unser Dissensus, wenn einer da ist, herauskommen.

Gesprächspartner: Ich würde sagen, daß ich nachtheistisches Reden von Gott so verstehe, daß wir Gott tatsächlich nicht anders haben als im Wort Gottes. Nicht im Wort »Gott«, sondern im Wort Gottes. Und daß freilich bei der immer wieder neuen Bemühung um biblische Texte noch andere Aussagen herauskommen als die des Wildes. Was mache ich denn, wenn ich mich völlig einstelle auf das Bild vom Wild? Oder, Sie haben völlig richtig gesagt, auf die Frage der Liebe? Was mache ich nun mit Jesu Gottesverkündigung, um nur das eine zu nennen? Muß ich die jetzt um jeden Preis zusammenpressen auf diese eine Form? Sie hatten einmal gesagt: Der Vater ist mir zum ewigen Bruder geworden (beschrieben als eine Konsequenz aus dem Denken Jesu hinsichtlich Gottes) – bleibt also in der Aussage vom ewigen Bruder nicht eben selbst an diesem Punkt ein weder räumliches noch zeitliches, aber eben doch sachliches Gegenüber? Ich würde meinen, Gott ist eben auch die Krisis unserer Mitmenschlichkeit und nicht nur in unserer Mitmenschlichkeit drin. Darf ich nicht auch und muß ich nicht auch davon reden, daß tatsächlich im Gottesgedanken selber eine Kritik des Menschen ist? Wo kommt denn eigentlich unser Ungenügen hinsichtlich der theistischen und hinsichtlich auch mancher kirchlichen oder auch theologisch und dogmatisch geübten Redeweise hinsichtlich Gottes her? Doch letztlich von da, daß für uns das Wort Gottes oder die biblischen Texte eine kritische Funktion haben. Und nun müßte man doch einen sehr weiten Umweg gehen, wenn man diese kritische Funktion auch noch integrieren wollte oder müßte in das Bild vom Wild. Und man kann auch die Formel: »Gott ist Liebe« oder auch dann in der Form bei Bischof Robinson: »Nichts vorgeschrieben außer Liebe« überstrapazieren.

Sölle: Nein, das kann man nicht. Oder Jesus hat das auch gemacht.

Gesprächspartner: Aber Jesus hat . . .

Sölle: . . . sie genauso überstrapaziert. Man kann sie nicht überstrapazieren. Entschuldigen Sie, wenn ich das so sage, ich empfinde das als eine Erschleichung, die Sie also hier jetzt versuchen. Indem Sie mir eine Überstrapazierung, eine Überkonsequenz vorwerfen, versuchen Sie, da einen Sonderraum auszusparen, in dem dann etwas von Gott übrigbleibt, was nicht in Liebe aufgeht. Sie haben dann noch eine Hoffnung auf Gott, die nicht mit dem, was ich meine, beschrieben ist.

Gesprächspartner: Ja, das kann sein.

Sölle: Sie haben da ein Plus – woher haben Sie das? Was nützt Ihnen das?

Gesprächspartner: Das Plus, das ich haben würde – einfach das Unbewältigte –, was ich meine nicht einfach mit der Rede von der Liebe bewältigt zu haben, ist Gottes Kritik am Menschen, wie wir sie eben auch in den biblischen Texten haben. Und ich glaube, es würde schwer sein, nun zu sagen, das sei dann unser »Masochismus« oder das sei irgendwie eine fetischistische Verwendung des Wortes Gottes. In den Texten steckt eine Kritik des Menschen. Natürlich kann man sie auch anders erklären – Herr Kahl hat sie in diesem Bändchen: »Das Elend des Christentums« ganz anders erklärt. Wir wissen, man kann alles ganz anders erklären. Aber es wird doch unbequemer, wenn wir die Kritik auf uns beziehen. Ich will mir nichts »erschleichen«, aber das Unbequeme

an der Überlieferung, das Unbewältigte an der Überlieferung der biblischen Texte, das habe ich, wenn Sie so wollen, als Plus.
Sölle: Es wäre doch ein sehr flacher Begriff von Liebe, wenn er nicht die radikale, die totale Kritik am Menschen einschlösse. Kierkegaard schreibt, glaube ich, irgendwo, daß die Unendlichkeit der Liebe darin besteht, daß wir immer in ihrer Schuld bleiben. Das ist für mich eigentlich die reale Begründung eines Sündenverständnisses. Die Welt, in der wir leben, überzeugt mich davon, daß wir zu wenig Liebe aufgebracht haben. Das heißt, daß wir diese Welt nicht mehr verändert haben, daß sie nach 2000 Jahren Christentum noch so aussieht. Das heißt aber doch auch: Unser gesamtes Sündenverständnis kann sich nur ableiten von diesem Begriff einer unendlich geforderten Bereitschaft, für den anderen dazusein. Und ich sehe darin eigentlich noch keinen Überstieg zu einer anderen Qualität, sondern ich meine, daß die Rede, daß Gott sich zwischen Menschen ereigne, keine optimistische Rede ist, sondern es ist eine Rede, die auch einschließt, daß, wenn Gott zwischen Menschen kaputtgemacht wird, indem Menschen einander kaputtmachen, dabei Gott mit draufgeht. Das meinte ich vorhin in dem Gedankenspiel mit der Frage nach einer atomaren Vernichtung allen Lebens auf der Erde. Wenn Gott dabei mit draufgeht oder das, was die Tradition Gott nannte, damit auch zerstört ist, dann muß man sehen, daß gerade dieser Begriff von Gott, der nachtheistische, die radikale Kritik am Menschen enthält und das nicht etwa ausklammert. Und ich würde auch andere Qualitäten der Tradition aufarbeiten. Ich würde also auch sagen: Auch der Richter ist nicht etwa weg, im Gegenteil, der Richter ist uns ja doch viel näher als in den Zeiten, da man noch an ein Jüngstes Gericht glaubte. Denn wenn das Gericht tatsächlich nur passiert und jetzt passiert und wir uns darüber klar sein müssen, daß die Hölle, die wir anderen

machen, unsere eigene ist oder das Gefängnis, in das wir andere sperren, unser eigenes ist, wenn also nicht irgendwann Zerstörung von Leben dann erst Wirklichkeit wird, sondern wenn jede Zerstörung von Leben, die wir begehen, auf uns zurückschlägt, so daß die, die am meisten zerstören, auch die Zerstörtesten sind – dann ist der Gedanke, der ursprüngliche Gedanke des Gerichts, so verifiziert in der Gegenwart unseres Lebens, keineswegs versöhnlicher oder in irgendeiner Form Erweichung des Christentums. Sondern im Gegenteil. Es wird eigentlich schwerer, Christ zu sein, wenn man so sagen soll, als in einem mythenfreudigeren Zeitalter, in dem man diesen Akt selbst noch in eine andere Zeit hinausprojizieren konnte.

Gesprächspartner: Das ist natürlich dem allgemeinen Satz: »daß Gott Liebe sei« oder »daß Gott sich zwischen Menschen ereigne« so nicht zu entnehmen. Das ist jetzt in unserem Gespräch herausgekommen. Und es wäre schön, wenn nun tatsächlich auch das, was Sie vom Richter sagten, diese »Front« auflockern würde, die bloß in dem Entweder/Oder vom Jagdherrn und Gejagten entstünde. Was wir vor allen Dingen auch beachten müssen, ist folgendes: Wir sind bei dieser neuen Redeweise von Gott natürlich auch immer wieder in Gefahr, daß wir bestimmte, für uns unlösbare Probleme, wie etwa das Leid der Kinder, nun durch bestimmte Negationen in bezug auf frühere Gottesaussagen dann aus der Welt schaffen. Nicht wahr, das wird mir so deutlich mit der Berufung auf Auschwitz oder was nach Auschwitz ist. – Adorno sagt, man kann nach Auschwitz kein Gedicht mehr schreiben. Andere sagen, nach Auschwitz ist Gott nun wirklich tot. Es besteht da wiederum die Gefahr, daß wir uns mit solchen Formulierungen darüber beruhigen, daß nun eben tatsächlich Menschen unserer Generation dort an der Rampe gestanden haben und selektiert haben. Es ist also auch das ins Auge zu fassen, daß bestimmte Verweise auf ein vielleicht vergangenes Gottesverständnis *uns* nicht entlasten dürfen. Es gibt einen merkwürdigen *Vorgang* – etwa bei C. G. Jung oder Bloch –: diese Umkehrung von der Menschenschuld auf die Gottesschuld und jene Theorie, daß Gott seinen Sohn in die Welt senden mußte, weil er diese Welt so schlecht gestaltet habe. Es gibt also auch und gerade bei einer neuen Rede von Gott die Gefahr, daß uns nun wieder die Kritik der alten Rede von Gott – mit Ihren Worten gesprochen – zum Alibi wird für irgendwelche Zusammenhänge, die wir dann doch wieder weggeschoben haben, indem wir sie in das andere integrieren.

Sölle: Wenn ich vielleicht darauf noch etwas antworten darf. Es ist tatsächlich für mich der Punkt, mit dem ich am wenigsten fertig bin und für den ich keine Lösung sehe innerhalb eines solchen theologischen Ansatzes. Das ist das Leiden der Unschuldigen. Das kann in einem solchen theologischen Ansatz zwar verstanden werden von uns aus, die daran schuld sind, und zwar auch dann, wenn wir das nicht direkt getan haben. Wenn wir an einer Welt bauen, in der so etwas möglich ist, in der Aggressionen so gezüchtet oder hergestellt werden oder in der die Vorbereitungen für Auschwitz ja auch heute nicht abgeschlossen sind . . . Vom Schuldgedanken aus also kann ich das noch verifizieren. Aber wenn ich von diesen dort vergasten Kindern selber ausgehe und deren Schicksal zu bedenken versuche, dann würde ich sagen, hat die alte Metaphysik, die ja Christus sogar in die Hölle schickte, um da den Leuten die Chance zu geben, eine größere Gerechtigkeit gehabt in diesem mythischen Bild. Es ist für mich nicht erschwinglich. Ich kann mir darunter nichts vorstellen. Diese Kinder sind vergast. Punkt. Aber die *Frage*, die die alte Metaphysik da hinterlassen hat . . . Oder wenn ich von dem christlich-anthropologischen Grundsatz ausgehe, daß jeder Mensch die Chance des ewigen Lebens hat – das würde ich für einen für mich

verbindlichen Satz halten –, dann gerät er an dieser Stelle einfach in eine Schwierigkeit, die in einem innerweltlichen Ansatz nicht überwunden werden kann. Das kann mich nicht dazu überreden, nun einen Salto ins Jenseits zu machen, aber ich sehe das Problem. Mehr kann ich dazu eigentlich nicht sagen. – Ich weiß auch kaum, wo in unserer Generation jemand dazu etwas nicht Metaphysisches, nicht Unglaubwürdiges sagen kann, das zugleich das Problem aufarbeitet und aufnimmt. Die innerweltliche Antwort ist, daß wir für diese Toten wie für alle Toten Verantwortung tragen, daß wir machen können, daß die Toten (etwa der beiden Weltkriege) umsonst gestorben sind – das ist ein Stück Verantwortung, die wir haben. Ich meine, daß wir über die Toten so denken und reden lernen sollten, daß das deutlich wird, daß wir die Toten »noch töter« machen können, also daß in unserer Hand das weitere Schicksal der Toten liegt. Aber das ist ein sehr geringer Trost, vor allem für die, die eben die Chance, ein Mensch zu werden, nicht gehabt haben.
Gesprächspartner: Sie sagen, es gibt nur metaphysische Antworten auf solche Fragen wie das Leiden der Unschuldigen. Bei den Kindern wird es besonders exemplarisch, aber es ist doch offenbar so, daß überhaupt in der Welt mehr Unschuldige als Schuldige leiden. Das ist jetzt wiederum keine Antwort, aber liegt es nicht einfach – wenn wir jetzt den Erfahrungshorizont ausweiten – eben in der Möglichkeit des Menschen, daß er schuld sein kann am Leiden des anderen, der das nicht verdient? Und ist es deswegen nicht notwendig, daß man den Menschen konfrontiert mit dem Aufruf zur Sündenerkenntnis, zum Umdenken, zur Buße? Auch hier würde ich wieder fragen: Bringen Sie das alles noch in diesen einen Horizont, den Sie überhaupt für denkbar halten, die Liebe? Natürlich kann man das – und die Theologen haben das oft gemacht, daß sie diese Dinge alle auf unglaublich geschickte Weise miteinander verbunden

haben, aber ich bin eigentlich wegen dieser theologischen Kunststücke dann etwas bedenklich, wenn wir jetzt nun auch noch das ganze Schuldproblem einfach so verarbeiten (vorhin kam bereits der Richter in die Liebe hinein). Ist es nicht notwendig, daß das Schuldproblem, das nicht lieblos gelöst werden darf – das ist ganz selbstverständlich – und das letztlich auf die Vollendung in Liebe und auf Vergebung zielt, eben doch schrittweise so durchgehandelt und so durchgedacht und so praktiziert wird, daß Buße oder Reue oder Schulderkenntnis relativ selbständig erscheint und erst in einem weiteren Zusammenhang dann auch als Stufe der Liebe erkennbar wird? Warum müssen wir eigentlich so summarisch die Sache anfassen, nur aus Angst, daß Nichtliebe doch irgendwie übrigbliebe? Oder warum?
Sölle: Ich möchte Ihnen eine Gegenfrage stellen: Brauchen Sie zur Schulderkenntnis eine Autorität, vor der Sie überhaupt erst Ihre Sünde erkennen können? Oder genügt Ihnen die Liebe? Vor welcher Instanz denken Sie das?
Gesprächspartner: Die Liebe, wenn ich sie falsch verstünde, könnte mich dazu verführen, daß ich dächte, es wäre alles gar nicht so schlimm. Ich würde also tatsächlich – Luther hat gesagt, im Spiegel der Gebote erkennen wir unsere Not – doch ein gewisses Maß, eine gewisse Norm, und zwar die der biblischen Überlieferung, als Spiegel brauchen.
Sölle: Sie sind mir jetzt natürlich ausgewichen – ich hatte Sie eigentlich nach Gott gefragt.
Gesprächspartner: Ja eben. Und ich würde freilich meinen, daß das mit Gott zusammenhängt. Das hatte ich vorhin gesagt. Wir haben ihn nicht anders als in Gesetz und Evangelium. Wir haben ihn nicht anders als in seinem Wort. Und deswegen meine ich schon, daß ich selber – und ich will das jetzt gar nicht doktrinär-dogmatisch, sondern existentiell beantworten – auch

diesen Spiegel meiner Not brauche. Und mir ist es die Frage, ob ich nicht ein totales Liebesangebot mißverstehen könnte, wenn wir uns schon einmal auf diese psychologischen Zusammenhänge einlassen. Natürlich könnten wir jetzt sagen: Im Kreuz ist alles zusammen. Und angesichts des Kreuzes kann ich eigentlich auch Liebe nicht mehr mißverstehen. Dann müßte ich aber – und Sie haben das ja an vielen Stellen auch gemacht – tatsächlich das Kreuzesgeschehen nicht bloß unter dem Gesichtspunkt von Liebe, sondern in dieser Verflochtenheit von Schuld und Leid in der Frage des Sinnes und des Geschikkes Jesu sehen. Und da hätte ich tatsächlich einen Ort, wo ich meinte, daß mir angesichts dieses Kreuzes der Maßstab gegeben wird.
Sölle: Aber wo ist denn das Kreuz – heute? Oder ist es nur damals? Ich meine, daß man das Kreuz überhaupt nur verstehen kann, wenn man es in die Gegenwart denkt. Wir haben in Köln im Zusammenhang mit dem Politischen Nachtgebet am Karfreitag so ein Zwischending zwischen einer Prozession, einer Demonstration und einem Go-in gemacht durch die Stadt unter dem Thema: Wo kreuzigen wir Christus heute? Und dann haben viele Plakate gemalt – wir hatten drei Bereiche angegeben: in unserer Stadt, in unserer Gesellschaft, in unseren Kirchen. Und dann sind dort weltliche Dinge benannt worden: keine Kindergärten, viel Geld für zuviel Arzneimittel, aber keine billigen – und alle möglichen gesellschaftlichen und weltlichen Probleme, die Menschen daran hindern, Menschen zu werden. Und wir meinen eigentlich, daß das mit dem Ausdruck »Christus kreuzigen« genau beschrieben ist, daß wir jetzt nicht irgendwie eine Stufe kleiner reden. Bert Brecht hat es mal so gesagt: Es gibt verschiedene Arten, einen Menschen zu töten. Man kann ihm ein Messer in den Bauch stoßen, aber man kann ihm auch eine schlechte Wohnung geben, man kann ihm einen Beruf geben, der

unerträglich ist. Es gibt also verschiedene Arten, einen Menschen zu töten. Christlich wird eigentlich dieser Gedankengang erst, wenn wir das zu unserer eigenen Sache machen, das heißt fragen: Wo kreuzigen *wir* Christus heute? Das Kreuz erfahre ich an den gekreuzigten Nächsten. Und nur in diesem Spiegel sehe ich jenes Kreuz auf Golgatha.

Gesprächspartner: Umgekehrt ist es aber eben doch auch so, daß vielleicht ein Außenstehender gar nicht einsehen könnte und müßte, warum wir das unter dem Bilde des Gekreuzigtwerdens beschreiben. Sie sprachen vorhin von den Traditionen, die man wieder neu interpretieren muß, und jedenfalls hängt mit dem Glauben und dem Versuch des Glaubens zusammen, daß wir die Nöte in der Welt für Außenstehende merkwürdigerweise (nicht wahr, Brecht brauchte das nicht unbedingt) verkleiden in die Sprache, in der es um das Kreuz Jesu Christi geht. Und das ist nun eben das traditionelle Element, das neu interpretiert wird; aber ohne dieses traditionelle Element gäbe es auch nicht die Möglichkeit seiner Neuinterpretation. Ich habe versucht, mir die Sache mit dem Kreuz immer noch anders deutlich zu machen: Es war eigentlich gemeint, von Gott gemeint, von Jesus gemeint, als das letzte Kreuz überhaupt. Und das Furchtbare ist, daß es nicht das letzte Kreuz geblieben ist. Das ist also auch eine Interpretationsmöglichkeit, die nicht unbedingt mit einer Versöhnungstheorie verbunden ist, sondern die sehr stark – für manche viel zu stark sicherlich – die Dinge ethisch zu interpretieren versucht und dabei einen Sinnbezug hat, der mindestens verständlicher ist als eine juridische Sühnetheorie oder ähnliches. Das Kreuz Jesu gemeint als das letzte Kreuz! Und jedes Kreuz nach dem Kreuz Jesu Christi (und das heißt also jedes vergleichbare Leiden) ist insofern von diesem Kreuz her gesehen anachronistisch. – Die Hauptsache ist – wie Sie es auch deutlich machten –, daß wir eine

Verbindung herstellen zwischen dem Kreuz Jesu Christi und heutiger Welt und heutiger Not. Denn sonst bleibt – das ist ganz klar – der Satz, daß Christus für alle Menschen gekreuzigt ist, tatsächlich sinnlos. Er muß diese neue Möglichkeit gewinnen. Genau wie die Frage mich heute betrifft, was es mit der Gottesverkündigung Jesu auf sich habe, und ob es also eine Berufung auf Jesus an seiner Gottesanschauung vorbei so leicht geben kann, wie man das manchmal beschrieben findet.

Sölle: Ja, aber ich brauche vielleicht hier nicht die Kernstellen zu zitieren, die von dieser Theologie immer wieder herangezogen werden, Matthäus 25 vor allem, dann aber auch die Geschichte vom barmherzigen Samariter. Aber es ist ja tatsächlich so, daß das Geschichten sind, in denen die Vokabel »Gott« nicht nur zufällig fehlt, sondern in denen sie notwendig nicht erscheint, weil sie wahrscheinlich diese Geschichten verunklaren würde. Die Geschichte vom barmherzigen Samariter ist gerade besser dadurch, daß Gott hier nicht erwähnt wird. Dadurch wird nämlich deutlich, wie Gott, ohne daß die Vokabel »Gott« fällt, dasein kann in dem, was da geschieht. Die Geschichte von dem Richter, der sagt: »Das habt ihr mir getan«, ist gerade deswegen gut, weil die Leute, die dann hinterher zurückfragen und sagen: Ja, dich kennen wir doch gar nicht, mit dir haben wir doch gar nichts zu schaffen, von dir haben wir doch gar nichts gewußt – weil die also nicht sich auf die Frage eines theistischen Gottesglaubens einlassen, sondern weil sie unmittelbar sich auf die Wahrheit Jesu einlassen müssen. Diese Wahrheit Jesu ist eigentlich die Frage an sie und nicht der Gottglauben. Und die Wahrheit Jesu ist die Frage der Liebe an diese Leute, und das ist das Entscheidende.

Gesprächspartner: Für Jesus selbst ist freilich die Wahrheit, um die es ihm geht, untrennbar verbunden, zwar nicht unbedingt mit der Vokabel »Gott«, aber mit dem,

daß er sich selber als von Gott gesandt und geführt ansieht. Und man muß sehen, wie man dann mit diesen Zusammenhängen fertig wird. Den genannten Beispielen lassen sich andere gegenüberstellen, wo es doch – wie in dem Gleichnis von den beiden Söhnen – offenbar um eine Auslegung des väterlichen Handelns in Richtung auf das Handeln Gottes des Vaters geht, ich kann also nicht Barths christologische Interpretation mitmachen. Auch das Vaterunser kann nicht auf die Vokabel Gott verzichten.
Sölle: Es ist mir eigentlich immer etwas unwohl, wenn man unter Theologen so sich gegenseitig mit Bibelstellen bewirft. Den Tendenzen der nichtverbalisierten Gottesvorstellung (wie in den beiden Stellen, die ich genannt habe) werden sicher andere sehr viel unbefangener Gott verbalisierende Vorstellungen gegenüberstehen. Es scheint mir etwas schwierig, wenn man das gegeneinander aufrechnen will. Ich würde die Frage so formulieren: Was fügt die Berufung auf den Vater der Sache Jesu hinzu? Wird die Sache Jesu evidenter oder wahrer dadurch, daß sie von einem Vater getragen ist? Was ändert das denn an der Sache Jesu?

2. *Anfragen aus dem Kreis der Zuhörer*

Wollen Sie die Wahrheit prinzipiell in die Liebe implizieren – oder würden Sie sie neben der Liebe bestehen lassen?

Sölle: Wenn ich etwas aus dem Neuen Testament gelernt habe, dann, daß die Wahrheit in der Liebe impliziert ist und daß sie nicht neben ihr besteht, daß der wesentliche und notwendige Ausdruck aller der Gesellschaften, die die christliche Wahrheit neben der Liebe haben bestehen lassen, die Inquisition ist.

Sie können ein anderes Beispiel nehmen, das vielleicht noch haarsträubender ist: der christliche Antisemitismus, eine genaue Folge dieser Theorie, in der Wahrheit und Liebe auseinanderfallen und wo man dann angeblich um der Wahrheit willen diejenigen, die das Bekenntnis zur Messianität Jesu nicht mitmachen konnten, verbrannt hat. Die religiösen Ursprünge des modernen Antisemitismus sind wohl hierin zu suchen. Ich meine, daß man einfach ex eventu (also aus einem historischen Ablauf, der so katastrophale Konsequenzen gezeigt hat) vorsichtig sein sollte, eine Wahrheit, die die Liebe in diesem Fall dann ausschließt, überhaupt anzuerkennen. – Ich meine, Jesus Christus ist immer auf seiten der Leidenden, das heißt aber auch auf der Seite derer, die gegebenenfalls unter solchen leiden, die die Wahrheit zu haben meinen. Ich meine, das ist der Jägergott, der hier spricht.

Ihr Beispiel, daß Gott aufgehört habe zu existieren, wenn die Welt durch einen Atomkrieg vernichtet wäre. In diesem Zusammenhang die Frage, die Sie soeben stellten: Brauchen Sie etwas anderes als die Liebe? Ich würde sagen: Um glauben zu können, brauche ich etwas anderes. Denn mir ist es zu wenig. Ich glaube nicht, daß die Liebe allein in der Lage ist, einen Atomkrieg zu verhindern. Und daß alle, daß mein ganzer Glaube nur von der Möglichkeit, die die Macht weniger Wahnsinniger hat, abhängig werden sollte, das ist mir in der Tat zu wenig.

Sölle: Sie sagen: Um glauben zu können, brauche ich mehr als Liebe. Ich finde darin tatsächlich die traditionelle Theologie genau formuliert. Die theistische Theologie braucht tatsächlich mehr als Liebe, sie braucht die Autorität. Sie sagen, mehr als Liebe ist notwendig, um den Atomkrieg zu verhindern. Nein! Es ist *nur* Liebe nötig. Sie sagen: Brauchen andere anderes als die Liebe? Ich möchte sagen: Nein! – ganz simpel mit den Beatles

»All your need is love«! Das ist eine – ich würde noch nicht mal sagen banale Formulierung, sondern es ist tatsächlich ein Stück Evangelium, was da weltlich gesagt wird, so gesagt wird, daß es verständlich wird. Ich frage mich: Was brauchen Sie mehr als Liebe, worauf setzen Sie Ihr Vertrauen, wenn Sie es nicht auf Liebe setzen? Ich würde antworten: Sie setzen es auf eine Autorität, die über der Liebe steht. Andere haben mir in der Diskussion gesagt: »Bei Ihnen hängt alles in der Luft«, »die Liebe hängt in der Luft«. In der Tat kann ich nur sagen, die Liebe hängt ja auch in der Luft, sie ist nicht ableitbar. Jeder Versuch, Liebe abzuleiten, sie also auf den Befehl eines anderen zu tun, sie einem anderen Prinzip unterzuordnen, sie abhängig zu machen, zerstört die Liebe selber. Wenn Sie die Liebe nicht um der Liebe willen tun, sondern um Gottes willen oder um der Wahrheit willen oder um sonst etwas willen, dann lieben Sie nicht, dann sind Sie nicht mehr in der Liebe. Man kann das wohl auch aus einer Exegese des 1. Johannesbriefes zeigen, daß es jedenfalls dort auch so gemeint ist, daß keine Ableitung möglich und notwendig ist. Es gibt nichts, was darüber hinausginge. Bonhoeffer hat einmal gesagt: Die einzige Transzendenz, die wir kennen, ist die Liebe. Es gibt keine andere Transzendenz. Aber wenn ich mich frage: Wie kommen Menschen dazu, eine andere Transzendenz zu erwarten oder zu brauchen? – dann würde ich doch meinen, da ist ein Stück Angst darin, ein Stück Sicherheitsbedürfnis oder ein Stück Autoritätssehnsucht. Da ist eigentlich eine Sehnsucht nach einem Gott, der stärker ist als Liebe, die ja bekanntlich wehrlos und erfolglos ist. Da ist ein Stück Sehnsucht nach einer Macht – ich darf noch einmal an den Anfang erinnern, an dieses Bild, so karikiert es Ihnen erschien. Das beweist eigentlich gerade das, was Cardonell sagt in diesem Bild vom omnipotenten Jäger; der wird immer noch gebraucht vom Menschen. Wenn Liebe nicht genug ist, wenn dazu noch irgend etwas anderes kommen muß, dann war Jesus überflüssig.

»Die am meisten Zerstörenden sind in Wirklichkeit die Zerstörtesten.« – Da möchte ich fragen: Woher nehmen Sie den Maßstab dafür? Wenn nun ein anderer eine Gegentheologie, eine Theologie des Bösen aufstellen würde, dann könnte man zum Beispiel auch mit irgendwelchen psychologischen Theorien zu dem Schluß kommen, daß derjenige, der am meisten zerstört, durchaus durch Befriedigung seiner primitivsten Instinkte der Glücklichste sein könnte.

Sölle: Natürlich könnte man sagen, daß die Leute, die am meisten zerstören, dabei toll profitieren, daß es ihnen sehr gut dabei geht. Das ist tatsächlich ein Glaubenssatz, wie ich gesagt habe, keine Empirie. Ich glaube, daß Glück nicht in der Zerstörung anderer liegt, sondern daß Glück in der Integration von mehr Menschen, also in der Liebesfähigkeit des Menschen liegt. Das *glaube* ich; ich setze mit Jesus Christus darauf, daß das Glücksverlangen der Menschen nicht durch Zerstörungstriebe befriedigt wird, sondern daß sie dabei unglücklicher werden. Ich meine auch, wir kämen in eine ganz falsche Richtung, wenn wir versuchten, einen solchen Satz irgendwie empirisch zu verifizieren. Denn gerade das, was Jesus mit Glück – was ich für eine richtige Übersetzung von Heil halten würde – meint, ist ja nicht empirisch verifizierbar. Die Chance des ewigen Lebens, darunter verstehe ich die Chance des authentischen Lebens, ein Mensch werden im Leben, das wäre – würde ich sagen – ein vollständiges Leben leben, ein richtiges Leben leben, ein ewiges Leben, ein erfülltes Leben leben. Ich beziehe mich dabei etwa auf das Johannesevangelium in der Interpretation Bultmanns, die den Glauben mit dem ewigen Leben so verknüpft, daß es sich hier ereignet. »Wer glaubt, *hat* das ewige Leben.« Nicht: Später kriegt ihr es dann mal. Sondern das ewige Leben ist eine qualitativ andere Bestimmung des Lebens und nicht eine quantitative Verlängerung. Und diese qualitativ andere Bestimmung (das »Andersleben«), die mit dem Glück, von dem ich eben sprach, zusammenhängt, die in diesem Glück erfahren wird, heißt: in eine immer größere Einheit mit Menschen, mit einzelnen und auch mit Gruppen zu wachsen, in eine immer stärkere Beziehung zu geraten, vielleicht ganz einfach: immer sensibler zu werden. Das wäre eine psychologische Beschreibung dessen, was damit gemeint ist, die natürlich nicht ausreicht (wie jede psychologische Beschreibung dieses Tatbestandes nicht ausreicht), aber das verdeutlichen kann, was überhaupt damit gemeint ist. Ich meine, daß Jesus unsere Sensibilität erhöht. Anteil haben am Leben Jesu heißt, daß die Schmerzen der anderen meine Schmerzen sind. Wenn jemand in Jesu Gegenwart geschlagen wurde, so stelle ich mir das vor, dann spürte Jesus das selbst. Er nahm es wahr als das eigene, das heißt, sein Ich war nicht begrenzt auf diese körperlichen Grenzen, die Individualität, sondern sein Ich war – das sind Versuche, die Liebe zu beschreiben – einbezogen, so daß das Leid der anderen sein Leid und das Glück der anderen sein Glück war. Die Auferstehung, die Freude der anderen war seine Freude. Und darin wächst der Mensch tatsächlich, multipliziert sich, er kommt heraus aus seinen Begrenzungen unserer biologischen, auch unserer räumlichen, dinglichen Existenz. Das etwa meine ich mit ewigem Leben.

Was verstehen Sie darunter, wenn Sie sagen, der Mensch nimmt sich selber an? Und zwar bringe ich das in den Zusammenhang des Menschen als »simul peccator und simul iustus«, das heißt des altdogmatischen Begriffes vom Menschen, der aber nun nur verstanden werden kann im Angesicht des lebendigen Gottes. Daß Sie meinen, man könne diesen »simul iustus« und »simul peccator« jetzt interpretieren rein innermenschlich, daß diese beiden Aussagen jetzt bezogen werden auf das Christusverhältnis des Menschen zu sich selbst und das Christusverhältnis des Menschen zu Gott. So habe ich es in Ihrer Aussage verstanden. Das führt mich zu der Frage, die ganz am Anfang gestellt wurde: Ist Gott hier nicht ganz einfach ein Wort, und zwar für einen innermenschlichen Vorgang von der Verzweiflung des Menschen an sich selbst oder am Sinn seines Lebens, zu seiner Vergewisserung der Wahrheit seines eigenen Lebens?

Mich würde als Nichttheologen interessieren, ob Sie etwas (und wenn, was) mit den zentralen Begriffen des Glaubens und der traditionellen Theologie anfangen können: Gnade und Erlösung. Mir will es so scheinen, als ob die Liebe (Gott ist Liebe), die unter den Menschen geschieht, doch immer noch sehr unzulänglich bleibt, daß all das, was wir beginnen in Liebe, alles, was wir tun aus Liebe, doch immer noch letztlich unvollkommen und unvollendet bleibt und daß wir der Gnade und der Erlösung dessen, was also nicht gelingt, bedürfen. Es fiel vorhin der Begriff des Kreuzes, es wäre auch nach der Auferstehung zu fragen. Ich möchte meinen, daß auch die Erlösung, die Gnade unbedingt nötig ist und daß man es nicht bei der Liebe, wie Sie sie verstehen, bewenden lassen kann. – Aber das ist nur eine Frage.

Sölle: Ich möchte anfangen bei der Frage nach dem Satz: Der Mensch nimmt sich selber an. Und daß in diesem Übergang des Menschen vom Zweifel zur Vergewisserung »Gott« das Wort für diesen Vorgang ist. Ich halte das für richtig und würde sagen, daß wir seit Luthers Zeiten einen Sprachgewinn in Psychologie zu verzeichnen haben, daß wir also bestimmte Dinge, die in einer bestimmten Epoche der Menschheit nur theologisch sagbar waren, heute unter anderem auch psychologisch sagen können oder auch soziologisch oder in den anderen Sprachen, die wir indessen gelernt haben. Und daß es tatsächlich eine Beschreibung der Erfahrung der Gnade ist, wenn wir sagen, ein Mensch kommt von der Verzweiflung zur Vergewisserung, er nimmt sich an, sich, den Unvollkommenen, den Imperfekten, den Halben oder Feigen oder Häßlichen nimmt er an, er gerät in ein anderes Verhältnis zu sich selber. Ich meine, daß das religiöse Wort Gnade genau dieses enthält, daß wir in ein anderes Verhältnis zu uns selber geraten, ein Verhältnis, das wir auch mit dem Wort Freiheit beschreiben können; daß wir also frei sind von den Zwängen des Überich und dem aussichtslosen Kampf zwischen Es und Überich, wie ihn Sigmund Freud beschrieben hat. Ich kann nicht ganz verstehen, warum man die Sprachen, die indessen einfach ausdifferenziert worden sind, die Sprachen für das humanum, nicht benutzen soll zur Interpretation dessen, was die theologische Sprache in ihrer mythischen oder auch nach außen projizierenden Weise sagte, warum wir das nicht heute anders sagen können. Und mir ist nicht deutlich, wieso da ein Verlust an Substanz wäre. Ich meine, wir können tatsächlich von Gnade als dem wunderbaren Ereignis sprechen, in dem ein Mensch dazu kommt, sich anzunehmen. Wer überhaupt von Gnade im Ernst spricht, also nicht nur als einer uns theologisch übergestülpten Vokabel, sondern aus einer Erfahrung der Gnade spricht – man könnte vielleicht an die Texte der Mystiker denken, die da mit sich selbst am genauesten umgegangen sind –, der wird auch die Veränderungen in seinem Herzen sagen können und wird also nicht in einer religiösen Sprachschablone bleiben, worin die Gnade so leicht ein Wortfetisch oder ein magischer Fetisch wird, den man nicht mehr in seinen Wirkungen beschreiben kann. Eine Gnade ohne Selbstannahme ist mir völlig undenkbar. Historisch geurteilt kann man vielleicht sagen, daß das Christentum das Verhältnis des

Menschen zu sich selber in einer unerhörten Weise präzisiert und differenziert und also vielleicht das, was wir Psyche nennen, überhaupt erst herausgearbeitet hat. Denken Sie daran, daß die Autobiographie eine Leistung des christlichen Geistes ist, die es vorher so nicht gegeben hat; daß ein Mensch eine Auseinandersetzung mit sich selbst vollzieht, aus der man dann doch eigentlich erst entnehmen kann, was die theologischen Formeln wie »Gnade« oder auch »Sünde« wirklich bedeuten (bei Augustinus zum Beispiel). Und ich meine eigentlich, daß die Tradition (indem ein Mensch sein Leben erzählt und dabei Theologie entwickelt) da ja doch auch immer so verfahren ist, daß sie diese Begriffshülsen wie »Gnade« oder »Erlösung« lebendig, also biographisch, individuell verifiziert hat. Und ich kann deswegen nicht ganz verstehen, wenn man mich nach Begriffshülsen fragt, ich meine eigentlich, ich hätte heute abend schon über Erlösung gesprochen, ich hätte auch schon über Gnade gesprochen, so empfinde ich das. Und Sie fragen mich etwas, das eigentlich schon dasein müßte und wofür Ihnen nur die Begriffshülse fehlt. Denn Erlösung sollten wir vielleicht heute Veränderung nennen. Und zwar würde ich mich dabei nicht auf die im christlich-marxistischen Dialog so beliebte Alternative einlassen: Soll man nun erst die Umstände ändern und dann die Individuen – oder umgekehrt? Ich halte das für eine Scheinfrage. Wo immer Umstände verändert werden, verändern sich Individuen. Wo immer Individuen wirklich verändert werden – also wo das Herz sich verändert –, da verändern sich auch die Umstände. Das Klima eines Betriebes verändert sich, falls da jemand Gnade erfahren hat. Ich kann das nur ernst nehmen, wenn da Erlösung verifiziert wird, das heißt, wenn in diesem Betriebsklima eine Veränderung passiert. Sonst würde ich sagen, ist das weder eine Selbstannahme noch eine Annahme der anderen und eine von da ausgehende Befreiung.

Darf ich einmal etwas einwerfen? Sie hatten vorhin aber gesagt, Glück sei nicht verifizierbar. Und jetzt sind Gnade und Erlösung verifizierbar?

Sölle: Ja, das habe ich sehr undeutlich gesagt. Ich meinte vorhin: nicht empirisch verifizierbar, das heißt, es ist also nicht feststellbar (oder objektivierbar, sagt man in der Theologie ja meistens) an anderen wie ein naturwissenschaftlich feststellbares Ereignis. Wenn ich jetzt sage verifizierbar, meine ich: erfahrbar und auch in der Erfahrung da. Angenommen, ein Mensch erlebt das, was wir Gnade nennen, das heißt, er kommt dazu vielleicht durch einen anderen Menschen – ich halte es auch für möglich, daß es durch das, was man so Wort Gottes nennt, geschieht, aber ich würde eigentlich dem Leben den Vorzug geben – also ein Mensch macht eine Gnadenerfahrung, er nimmt sich selbst an; simul iustus – simul peccator, das lebt er, das weiß er jetzt, er hat gelernt, mit sich umzugehen, er ändert die Welt, in der er lebt, sie trägt Spuren davon, sie ändert sich, in ihr wird mehr Befreiung sichtbar, mehr Erlösung, mehr Auferstehung – was ich jetzt dazu gesagt habe, ist natürlich eine christliche Interpretation. Und auch wenn ich sage: Das ist Gnade, oder: Hier ist der Heilige Geist am Werk, oder: Das ist Gott, was da passiert ist – können natürlich andere sagen: Der Hormonspiegel hat sich verändert. Natürlich gibt es von solchen Veränderungen Deutungen verschiedenster Art, das kann ich gar nicht bestreiten. Sie können das irgendwie anders ableiten. Und insofern ist es also nicht verifizierbar, weil meine Deutung nicht verifizierbar ist.

Dann möchte ich eine Frage noch einmal aufnehmen. Es wurde gesagt: Ich brauche etwas außer der Liebe, die mich beseelt und die die zwischenmenschlichen Beziehungen gestaltet. Daraufhin haben Sie, Frau Doktor, die

Frage gestellt: Was brauchen Sie denn über die Liebe hinaus? Ich würde sagen, ich brauche den, der zuerst geliebt hat und der die Menschen zu Liebenden geschaffen hat und der für sie das Urbild der Liebe ist. Wenn das transzendent ist, dann bin ich gern damit einverstanden. Ich glaube überhaupt nicht, daß man mit Sinn und Recht von Gott sprechen kann, ohne auch eine Transzendenz Gottes anzunehmen außer der Immanenz Gottes. Die Immanenz Gottes ist immer nur das zweite. Die Transzendenz Gottes ist das Entscheidende und Grundlegende. Dann ist die Frage gestellt worden: Ist denn das überhaupt eine Bestimmung? Man müßte doch irgendwie sagen können, wer Gott ist und was Gott ist. Einmal würde ich nicht begreifen, warum man nicht ganz schlicht sagen will mit der Heiligen Schrift: Er ist der, der Himmel und Erde geschaffen hat, er ist der Schöpfer. Er ist auch der Unüberbietbare. Aber darauf wurde die Frage gestellt, warum wir nicht den Menschen das Unüberbietbare nennen? Einfach darum, weil er sterben muß, weil das Todesverhängnis über ihm ist. Und weil er sündig ist, und weil er elend ist, deshalb ist er nicht der Unüberbietbare.

Ich möchte Sie, Frau Doktor, bitten, vielleicht doch ein Stückchen weiter zu folgen über eine Position hinaus, die Sie vor kurzem sehr vehement hier verteidigt haben. Ist es nicht so: Wenn wir den Schraubenschlüssel unserer Sprache, der die Schrauben anfaßt, nur als Liebe bezeichnen, daß dieser dann wieder so wenig angriffig wird, so wenig Schrauben faßt und damit allem übergestülpt werden kann, daß es ein Begriff wird, der genauso schillernd, genauso undifferenziert und unvereinbar und konfessionell unversöhnlich gebraucht werden kann wie der Begriff »Gott«? Ich möchte also darum meinen, daß wir den Begriff der Liebe doch entfächern müssen, oder daß wir durch die Engführung mehr mit durchholen müssen als einen schillernden Begriff Liebe. Und dabei möchte ich gerade nicht das Transzendente mit durchholen, sondern zwei Möglichkeiten zeigen. 1. Würden Sie in Ihrem Verständnis sagen, daß es möglich wäre, so zu argumentieren: Liebe entfaltet sich an dem, was wir als unsere Erfahrung der Liebe haben. Wer liebt, erfährt Freiheit. Wer liebt, hat den Mut zur Veränderung. Wer liebt, zieht erstrebte und gewünschte Zukunft in die Gegenwart. Daß also von der Erfahrung der Liebe aus dem individuellen Bereich eine Tatkraft, daß weitere Schlüssel, die auf weiteres Tun in einem größeren sozialen Bereich zielen, gewonnen werden.

Oder anders, 2. Ist es nicht so, daß neben der Liebe bei Paulus Gerechtigkeit und Wahrheit stehen? Wären das nicht auch brauchbare Schlüssel zur Bewältigung des Lebens? Und zwar die Liebe der Schlüssel für den Individualbereich, Gerechtigkeit der Schlüssel für den Sozialbereich und die Wahrheit die ethische Kategorie für den Bereich der Dinge. Nun nicht, daß die Wahrheit der Liebe gegenübergestellt wird (als eine dogmatische These vielleicht), aber die Wahrheit gegenüber den Dingen heißt zum Beispiel: S-Bahn fahren kostet Geld. Und die christliche Norm für den Sozialbereich müßte doch heißen: Wenn es Geld kostet, eine S-Bahn fahren zu lassen, und ich steige in diesen sozialen Prozeß ein, dann habe ich der Gerechtigkeit nachzukommen und meinen Obolus zu entrichten. Das heißt, die Wahrheit hat ein Gefälle zur Gerechtigkeit zu haben. Und die Gerechtigkeit wiederum hat ein Gefälle zur Liebe zu haben. Wäre eine Ausweitung des Begriffes Liebe auf den Sozialbereich und den Sachbereich so in Ihrem Sinne möglich? Oder anders gesagt: Wäre statt der theologia crucis (Liebe – Leid) eine Theologie der Rechtfertigung möglich (des Geschenkes, daß es mir gegeben wird, das Leben im Sinne von Christus zu bewältigen)?

Sölle: Zunächst, wenn Sie mich fragen: »Wie ist das mit Jesus Christus und seinem Verhältnis zum Vater?« Wenn ich das religionsgeschichtlich überlege, dann ist das doch so gewesen, daß Jesus, als er zu dem vorher schon bekannten und genannten Gott »Abba« sagte, damit einen Fortschritt tat über das schon Bestehende hinaus. Einen Fortschritt in Vertraulichkeit: Er gebrauchte ja ein Wort wie »daddy« oder »Paps« oder »Vati« in heutiger Sprache. Man muß das heute so nennen, weil bei uns der Vaterbegriff wieder derartig autoritär überladen ist, daß wir überhaupt nicht mehr verstehen, was Jesus sagte. Jesus sprach nicht von »dem Vater« in diesem erhobenen Ton, sondern da war eine Nähe impliziert, die in unserem kirchlichen Sprachgebrauch in diesem Wort einfach nicht vollzogen werden kann. Es ist nicht wahr, daß wir auch nur entfernt ahnen, welche Nähe Jesus zu dem Vater aussprach, wenn er dieses Wort benutzte. Ich glaube nicht, daß wir diese Nähe so ausdrücken können, wenn wir das Vaterwort da einsetzen. Ich glaube, daß wir damit nicht dahin kommen, wo Jesus stand, wenn er sich tatsächlich eins fühlte mit diesem Vater. Wenn wir die Sprache Jesu wiederfänden – was ich für ein theologisches Ziel halte –, dann müßten wir in dieser Nähe sprechen können. Und ich glaube, daß durch die Gegenüber-Vorstellung, auch die personal gedachte Gegenüber-Vorstellung, diese Nähe wieder zerstört und aufgehoben wird. Wir müßten *aus* Gott reden können, um nicht mehr *von* Gott zu reden. Wir müßten so reden können – in dem Buch »Stellvertretung« habe ich versucht, das mit einem Bild zu sagen, das natürlich auch fraglich ist, wie alle Bilder – wir müßten Gott *spielen*, das heißt, einem Menschen so begegnen, daß er Gott erfährt, daß er der Wahrheit seines Lebens vergewissert wird, daß er Befreiung erlebt. Dazu brauchen wir nicht von Gott oder über Gott zu reden. Ich halte das nicht nur für nicht nötig, sondern für problematisch in unserer Situation. Vielleicht, daß es später wieder einmal möglich ist, wenn der Mißbrauch, der mit dieser Rede getrieben worden ist, etwas mehr zurückgeht. Wenn ich den Vaterbegriff kritisiere, dann kritisiere ich das kindliche Verlangen nach Heimat und Geborgenheit. Ich halte das für unerwachsen.

Sicher ist der Ausdruck Liebe ebenso unbrauchbar wie alle anderen Ausdrücke. Ich habe schon gesagt, daß ich mich eigentlich immer mehr vom Judentum faszinieren lasse, das über Gott nicht nur keine Sätze in diesem Sinn, sondern auch keine solchen Vokabeln braucht, sondern das Geschichten erzählt. Wenn Sie an die chassidischen Geschichten denken, die Buber gesammelt hat, dann ist das eine Art aus Gott zu sprechen, also aus dieser Nähe heraus zu sprechen, ohne daß *von* Gott gesprochen wird, weil dieses Von-Gott uns eigentlich wieder von Gott trennt. Man kann fragen, ob nicht die christliche Geschichte und die christliche Dogmengeschichte zumindest anders verlaufen wären, wenn sie sich nicht auf den hellenistischen Geist und auf Wahrheitsfindung und Wahrheitserklärung in der Form der Dogmatik eingelassen hätten, sondern jüdisch geblieben wären. Ob wir nicht näher auch an Jesus von Nazareth geblieben wären ohne die Hellenisierung des Christentums (also jetzt in einem Schlagwort geredet), in einer größeren Toleranz, die darin nämlich mitgegeben ist, wenn über Gott in dieser Weise gesprochen werden kann: im Erzählen von Geschichten, in denen Gott erscheint. Dann entfällt der Macht- und Herrschaftsanspruch, der in allen dogmatischen Abgrenzungen ja eingebunden ist.

Ein Thema, zu dem ich noch etwas sagen möchte: Einer hat gesagt, die Liebe braucht einen, der zuerst geliebt hat. Das ist also auch etwas, das ich so in der Theologie, etwa bei meinem Lehrer Friedrich Gogarten, gelernt habe. Ich habe das lange Zeit auch gedacht. Ich bin irre daran geworden durch Erkenntnisse der Psychoanalyse. Man kann feststellen, daß Kinder, die in einem frühen Stadium ihres Lebens in Heimen herumkommen, weil sie keine Eltern haben, die also keine Mutterbeziehung oder eine dieser vergleichbare Beziehung entwickeln, für ihr Leben so geschädigt werden, daß sie nicht liebesfähig sind. Sie werden in frühkindlichem Stadium so neurotisiert, daß die Liebesfähigkeit zerstört ist – es kann sein, daß sie später durch Psychoanalyse noch einmal geheilt wird, aber sie ist jedenfalls zunächst zerstört. Wir finden dann diese Kinder in den Fürsorgeheimen wieder. Wenn wir von der Theologie her sagen: Die Liebe braucht einen, der zuerst liebt, dann muß dieser Satz seine Wahrheit doch auch bewähren an diesen Kindern. Eine verbale Verkündung (wenn ich einem solchen Kind gegenüberstehe und sage: Da ist jemand, der liebt dich, den nennen wir Gott) sagt überhaupt nichts, hilft diesem Kinde nicht. Denn wir haben dieses Kind vorher so kaputtgemacht, daß es das nicht hören kann. Es bedeutet für es nichts, weil es kein fundamentum in re hat. Und das fundamentum in re ist tatsächlich hier die Mutter-Kind-Beziehung, also etwas – vielleicht antwortet das doch ein bißchen auf die Frage der natürlichen Theologie –, das zwischen Menschen geschieht. Und ich kann daraus nur die Konsequenz ziehen: Wir können zwischen Menschen Gott kaputtkriegen. Ich kann mich diesem Kind gegenüber nicht auf eine andere Instanz berufen.

Wenn vorher Liebe nicht erfahren worden ist, dann hilft das Interpretament Gott – wenn ich das einmal so sagen darf – nichts. Es ändert überhaupt nichts an der Zerstörung dieses Menschen. Und nur wenn hier eine menschliche Begegnung das wieder ganz macht, was menschliche Zerstörung zerstört hat, dann erscheint Gott hier. Was bedeutet die personale Vorstellung von Gott, wenn sie den Elendesten gerade nicht hilft oder für die gerade nicht da ist, sondern wenn für sie etwa die weltliche Wissenschaft Psychoanalyse eine wirkliche Hilfe bedeutet, während die Pfarrer ein solches Kind meist nur anpredigen können? Weil hier etwas kaputtgemacht ist, was durch das Wort, durch den Verbalismus in der Theologie – den ich für ein Unglück halte – überhaupt nicht repariert werden kann. Ich wollte nicht neue Fragen provozieren, sondern einfach noch einmal darauf hinweisen, was ich meine, wenn ich sagte: Gott ist das, was zwischen Menschen als Liebe geschieht, aber auch als Liebe zwischen Menschen fehlt und also menschliche Liebe unmöglich macht. Sie ist also nichts a se, was unmittelbar wirkt, sondern sie ist vermittelt in uns.

Christentum und Marxismus

Bericht über den Stand des Gesprächs

Vom Anathema zum Dialog

»Die Zukunft des Menschen wird nicht gegen die Gläubigen, ja nicht einmal ohne sie erbaut werden können; die Zukunft des Menschen wird nicht gegen die Kommunisten, ja nicht einmal ohne sie erbaut werden können.«

Diese Formel, die Roger Garaudy, führender marxistischer Theoretiker und Mitglied des ZK der Kommunistischen Partei Frankreichs, geprägt hat, bezeichnet eine Tendenz, objektiv gewordene Hoffnung – weder ein Wunschdenken noch schon eine Realität. Stalinisten und Integralisten sind noch keineswegs ausgestorben. Wir befinden uns zwischen Anathema und Dialog, und dies auf beiden Seiten.

Ich rekapituliere ein paar Stationen des Anathema: 1922 richtete Pius XI. die Aufforderung an die Politiker, die Anerkennung des Sowjetstaates von der Gewährung der privaten und öffentlichen Religionsfreiheit abhängig zu machen. Am 19. 3. 1937 sprach sich derselbe Papst in der Enzyklika *Divini Redemptoris* über die Unvereinbarkeit von Christentum und Marxismus aus: »Der Kommunismus ist in seinem innersten Kern schlecht, und es darf sich auf keinem Gebiet mit ihm auf Zusammenarbeit einlassen, wer immer die christliche Kultur retten will.«[1] Am 31. 1. 1943 sagte Pius XII. dem kroatischen Fürsten Lobkowicz, es bekümmere ihn, daß trotz allem (!) noch niemand den hauptsächlichen wahren Feind Europas erkennen wolle und man gegen den Kommunismus nicht einen gemeinsamen Kreuzzug beginne. Am 1. 7. 1949 erließ das Heilige Offizium in Rom ein Dekret, das allen Katholiken verbot, der Kommunistischen Partei anzugehören oder diese zu fördern. Fördern bedeutet hier: kommunistische Bücher, Zeitungen, Zeitschriften oder Flugblätter zu verbreiten, zu lesen oder in ihnen zu schreiben. Wer die Lehre des Kommunismus bekennt oder gar verteidigt und propagiert, verfällt automatisch der dem Heiligen Stuhl vorbehaltenen Exkommunikation; dieses Dekret ist auch heute noch gültig.

Auf kommunistischer Seite sieht die Bilanz nicht besser aus. Die Marxsche Religionskritik, von der Oktoberrevolution dahingehend verschärft, daß der Kampf nicht nur der Religion, sondern auch den Gläubigen zu gelten habe, wird von Lenin in den Rahmen des Klassenkampfes eingeordnet: »Jede Verteidigung, jede Rechtfertigung der Idee Gottes führt zu einer Rechtfertigung

1 Marxistisches und christliches Weltverständnis, Schriften zum Weltgespräch 1. Wien 1966, 138 (im folgenden: Weltgespräch).

der Reaktion.« Der Tiefpunkt im katholisch-kommunistischen Verhältnis dürfte mit dem Höhepunkt des Kalten Krieges zusammenfallen. Charakteristisch für die philosophische Diskussion war, daß man mehr über die politisch-sozialen Folgen als über die möglichen Erfahrungen beider Haltungen stritt. Es ist die Zeit des »Cromagnon-Dialogs« (Garaudy) – der Sohn des Lichts spricht mit dem Sohn der Finsternis. Entstalinisierung und das Zweite Vatikanische Konzil bezeichnen die Wende, die sich zunächst in Italien vollzog; ihre bedeutenden Vorläufer und Exponenten sind Roncalli und Togliatti. Johannes XXIII. hat in der Enzyklika *Pacem in Terris* (April 1963) zum erstenmal in der Geschichte des Anathema differenziert: zwischen dem Irrtum und den Irrenden, zwischen Theorie und Praxis. Und der damalige Chef der KPI, Palmiro Togliatti, legte in seinen als »Testament« bekanntgewordenen Notizen die atheistische Propaganda zu den Akten:

»Wenn wir Zugang zu den katholischen Massen erhalten und von ihnen verstanden werden wollen, muß das Problem des religiösen Bewußtseins, seines Inhalts und seiner Wurzeln in den Massen sowie der Art und Weise, es zu überwinden, anders gestellt werden als bisher. Geschieht das nicht, wird unsere, den Katholiken entgegengestreckte Hand nur als Mittel zum Zweck und beinahe als Ausdruck der Heuchelei gewertet werden.«

Das Fazit des Anathema ist, daß der Antikommunismus der beiden letzten Pius-Päpste der Kirche nichts eingebracht und der Kommunismus die Widerstandskraft des Christentums falsch eingeschätzt hat. Aber auch der »neue Dialog« wird in seiner Bedeutung nicht ausreichend verstanden, wenn man ihn nur unter dem taktisch-politischen Gesichtspunkt sieht. Die Frage ist nicht: Wie überzeuge ich den anderen?, sondern: Wie werde ich ich selber? »Es geht nicht darum, nebeneinander zu leben, sondern miteinander zu wachsen«, so formuliert Lucio Lombardo-Radice, Professor in Rom und Mitglied der KPI, die wesentliche Voraussetzung dieses Dialogs. Die Fragen gehen über die eigene Kirche und Partei hinaus nach der Welt, für die sie da sind. Das Ziel ist die Zukunft aller: »christlicher Universalismus und marxistische Katholizität«[2]. Die Mittel aber, die diese beiden »Kirchen « anwenden, sind die klassischen: Man greift auf den heiligen Text zurück und befreit und reinigt ihn von den hinzugekommenen Entstellungen. Der historischen Bibelkritik entspricht die Reinigung der Marxschen Theorie von der weltanschaulichen Naturdialektik des späten Engels. Entmythologisierung und Entideologisierung gehen Hand in Hand.

In der gegenwärtigen zweiten Phase des Dialogs, in der nach der geistreichen Formulierung Garaudys zwar alles gesagt, aber nichts getan wird – also seit der Entstalinisierung, der Öffnung der Ökumene und dem neuen Klima unter Johannes XXIII. –, ist eine Fülle von Einzel- und Gruppenaktivitäten zu bemerken: Aufsätze, Sammelbände, Tagungen und Diskussionen zum Thema reißen nicht ab. Zum 400. Todestag von Calvin lud die KPF in Paris die protestantischen Theologen Bosc und André Dumas mit den kommunistischen Theoretikern Gilbert Mury, Roger Garaudy und Antoine Casanova zusammen ein. Auf den Einladungskarten stand der Marxsche Satz: »Luther hat den Glauben an die Autorität durch die Autorität des Glaubens ersetzt.«[3] 1965 tagte die von dem katholischen Theologen Erich Kellner gegründete Paulusgesellschaft in Salzburg unter dem

2 Nach M. Machovec, Atheisten und Christen – Brüder? Gegner?, in: Protestantische Texte aus dem Jahre 1965. Stuttgart 1966, 140.

3 Vgl. L'homme chrétien et l'homme marxiste. Semaines de la penseé marxiste. Confrontations et debats. La Palatine. Paris Genève 1964, 168 f.

Thema *»Christentum und Marxismus – heute«*[4]. 1966 spezifizierte sie ihr Thema zu *»Christliche Humanität und Marxistischer Humanismus«* und wandte sich an die Akademien der Wissenschaften in den sozialistischen Ländern. Es trafen sich kommunistische Delegationen aus Italien, Frankreich, Ungarn, der CSR, Bulgarien, Rumänien und Jugoslawien, ferner kommunistische Spanier, die heute im Exil leben. 1967 gelang schließlich zum ersten Male eine Tagung in einem sozialistischen Lande. Die tschechoslowakische Akademie der Wissenschaften lud nach Marienbad ein. Stärker als zuvor bestimmte eine jüngere Generation aus Prag, Belgrad, Zagreb und Bukarest das Bild eines selbstkritischen, nicht von Funktionären diktierten marxistischen Denkens.

Allerdings blieben auch hier die ideologisch-anthropologischen Fragen vorherrschend, und das von Garaudy geträumte dritte Stadium des Dialogs, in dem die Völker und Kulturen nicht nur Ideen austauschen, sondern »Schöpfertum und Freiheit in einer humanen Gesellschaft« (so das Tagungsthema) verwirklichen, ist weit entfernt. Beobachter berichten, daß der Tagungsoptimismus gedämpfter als früher war; der Dialog beginnt sich seiner elementaren heutigen Schwierigkeit, die durch *good will* nicht überwindbar ist, zu stellen: dem Problem der mehr als je geteilten, den Menschen sich selbst entfremdenden Arbeit. Offenbar fiel er dabei vielfach in einen arbeitsteiligen Monolog zurück – Grund genug, ihn vorerst nicht weiter zu entpolitisieren. Information, Konfrontation und Korrektion sind noch nicht auf der gleichen Höhe des Bewußtseins angelangt, wenn auch die erste Aufgabe, zu informieren, gelöst sein dürfte.

4 Christentum und Marxismus – heute. Gespräch der Paulusgesellschaft, herausgegeben von Erich Kellner. Wien 1966 (im folgenden: Paulusges.).

Christliche Existenz in sozialistischen Ländern – ein Zukunftsmodell

Die emotionalen Ausgangspositionen haben sich im Laufe dieser Gespräche geändert. Die Marxisten tragen ihr geschichtsideologisches Überlegenheitsbewußtsein nicht mehr mit der gleichen Naivität, die Christen lösen sich von ihrer tiefsitzenden Angst. Nicht zufällig spielen die Naturwissenschaftler eine Art therapeutische Rolle beim Abbau der Ängste. Der Heidelberger Physiologe Hans Schaefer forderte in Salzburg »Information statt Emotion, Vernunft statt Angst, Reflexion statt Propaganda, Wissenschaft statt Konvention (als politischer Zwang des Gewordenen), Wirklichkeit statt Wunschdenken«[5]. Aber wie ist das möglich, sobald das Gespräch sich auf Praxis bezieht und politisches Verhalten gegen Theorien ausspielt? Und was bedeutet ein Dialog der Propheten und Intellektuellen, während Priester und Funktionäre handeln? Den Marxisten sind die frühen Verfolgungen und heutigen administrativen Benachteiligungen der Christen in den sozialistischen Ländern peinlich. Der integralistische Einwand lautet:

»Die Christen, die sich auf den Dialog einlassen, werden betrogen, denn die Kommunisten akzeptieren den Dialog, wenn sie nicht an der Macht sind, und lehnen ihn ab, wenn sie an der Macht sind. Warum sollten die Christen vom Bannfluch zum Dialog übergehen, wenn gerade ihr Entgegenkommen den Kommunisten erlaubt, vom Dialog zur Verfolgung überzugehen?«[6]

Da werden Zahlen gegeneinander ausgespielt: 4000 Priester in der CSR 1945, 1400 heute – aber auch

5 Hans Schaefer, in: Paulusges., 24.

6 Garaudy/Metz/Rahner: Der Dialog oder ändert sich das Verhältnis zwischen Katholizismus und Marxismus? 1966 ro-ro-ro aktuell, 61 (im folgenden: Dialog).

gegenläufig in Polen: 40 Bischöfe und 11 000 Priester 1937, 70 Bischöfe und 16 000 Priester 1965. Aber die Verhältnisse sind zu komplex und zu verschieden, als daß bei einem solchen »Weltgespräch« mehr als Postulate hörbar werden könnten. Soll man sich mit dem gegenseitigen Verstehen begnügen und die Ohnmacht der hier entstehenden »neuen Linken« ohne Amt und Institution anerkennen?

»Ein Gespräch, das aufrichtig die Wahrheit sucht, kann unter allen Umständen bis zu einem gewissen Punkt gelangen: Es kann die Frage nach dem Sinn des Menschen und seiner Geschichte und nach der Bedeutung der Religion, vor allem des Christentums stellen . . . Der Moment bleibt jedoch nicht aus, wo man von der Koexistenz selber, oder besser von der, wenn auch noch so begrenzten, Zusammenarbeit der Christen und Marxisten sprechen muß . . . Wir verlangen also von den Marxisten eine garantierte Toleranz im politischen und sozialen Leben. Die Christen glauben, eine solche von ihrer Seite anbieten zu können. Das setzt voraus, daß sie – erstens – nicht alles, was das gesellschaftliche Leben steuert, unmittelbar von ihrem Glauben an Gott oder ihrer Theologie ableiten wollen, und – zweitens – bei der Darlegung von Folgerungen aus diesem Glauben, die sich auf die Gestaltung der Welt beziehen, nicht verlangen, daß diese Gestaltung der Welt deshalb dem Licht der Vernunft, einer vernünftigen Diskussion oder Kompromissen, die die Vernunft oft nahelegt, entzogen sei.«[7]

Die kirchenkritische Wendung bei dem französischen Jesuiten *Calvez* ist ebenso aufrichtig und ebenso machtarm wie die funktionärskritischen Wendungen bei den französischen und italienischen Marxisten. *Luigi Longo* sagte auf dem Parteitag der KPI im Februar 1966:

7 Jean-Yves Calvez, SJ, Die Koexistenz der Kirche mit dem Marxismus. In: Weltgespräch, 151 ff.

»Wir stellen fest, daß wir für einen vollkommen und absolut weltlichen Staat sind; daß wir sowohl gegen einen Glaubensstaat sind wie gegen einen staatlichen Atheismus; daß wir für absolute Respektierung der religiösen Freiheit sind, der Gewissensfreiheit für Gläubige und Nichtgläubige, für Christen und Nichtchristen. Das heißt, daß wir dagegen sind, daß der Staat einer bestimmten Ideologie oder einem religiösen Glauben oder einer kulturellen und künstlerischen Richtung zum Schaden anderer irgendwelche Privilegien gewährt.«

Solche Zukunftsmusik auf beiden Seiten hat ihre progressive Wirkung bei der Eröffnung der Selbstkritik in Kirche und Partei. Dabei bedeutet der Abbau der religiösen Privilegien in den sozialistischen Ländern eine faszinierende Herausforderung für die Christen.

»Christliche Existenz in den sozialistischen Ländern ist das heutige Modell der Zukunft, nämlich in einer völlig säkularisierten Gesellschaft zu leben, die zu ihrer Rechtfertigung, Dekoration oder Unterstützung keiner religiösen Elemente mehr bedarf.«[8]

Realisationen dieses Modells finden sich im tschechischen Protestantismus, repräsentiert zum Beispiel in Josef Hrómadka, der ein Leben lang denkend vorzuleben versuchte, »daß das, was wir unter dem Evangelium und der lebendigen Kirche verstehen, die traditionellen, vielfach abgenutzten Vorstellungen von der Religion weit überschneidet; daß der echte Glaube an das Evangelium Jesu von Nazareth etwas anderes ist, als was die marxistischen Atheisten sich unter der Religion vorstellen«[9].

8 Martin Stöhr, Anfang und Ziel eines christlich-marxistischen Dialogs. In: Disputation zwischen Christen und Marxisten, herausgegeben von Martin Stöhr, München 1966, 17 (im folgenden: Disputation).

9 J. L. Hrómadka, Evangelium für Atheisten. Unterwegs, Berlin 1957, 47 f.

Enthält die Erfahrung der Kirche in der sozialistischen Gesellschaft vielleicht Chancen, die bislang nur von den Sekten wahrgenommen wurden: daß im Zerfall der klerikalen Machtpositionen das Revolutionäre im Evangelium wieder sichtbar wird? Auch dem polnischen Katholizismus wird unter sozialistischer Herrschaft »mehr Dynamik« zugesprochen. »Vor dem Kriege waren die Bande der katholischen Kirche zum Staat und zu den besitzenden Klassen sehr eng; als der sozialistische Staat es der Kirche unmöglich machte, sich auf diese Weise zu kompromittieren, hat er einen wesentlichen Punkt für den . . . Vertrauensverlust gegenüber der Kirche beseitigt«[10], so betont Garaudy in seinem Gespräch mit den Theologen Metz und Rahner und wirft die Frage auf, ob diese Situation nicht ihrerseits dazu beitrage, die Kirche gegen Gefahren zu schützen, die etwa Pater Gonzales Ruiz SJ auf dem letzten Konzil darlegte:

»Eine mit dem Staat kompromittierte Kirche – eine Kirche, die gesellschaftliche Privilegien, zum Beispiel ein Schulmonopol, verlangt oder akzeptiert – beschneidet sich selbst ihre religiöse Freiheit und ihre prophetische Mission . . . dann kommt es zu jener fortschreitenden Absorbierung des Prophetischen durch das Kultische. Diese Inflation des Kultischen profaniert die Kirche, indem sie das Tiefste ihres religiösen Wesens verwischt, nämlich das prophetische Element.«[11]

Christen lernen von Marxisten: et incarnatus est

Der Abbau der kirchlichen Machtstrukturen in den sozialistischen Ländern hat die dort lebenden Christen in ihrer Selbsteinschätzung desillusioniert und sie dazu

10 R. Garaudy, in: Dialog, 64.

11 Zitiert nach Garaudy, Dialog, 64.

gebracht, sich als eine Gruppe unter anderen, als Minderheit anzunehmen, biblisch gesprochen: Sie sind aus dem Palast des Herodes zum Stall und zur Krippe zurückgekehrt. In dieser Lage hat sich auch bei den Marxisten ein Vermögen entwickelt, sehr deutlich zwischen der konstantinischen und der apokalyptischen Tradition im Christentum zu unterscheiden. Für Garaudy sind Theologen wie Bultmann oder Rahner deshalb so bedeutsam, weil sie die historische Bindung der Kirche an »die unterdrückenden Klassen und Mächte« und an die »hellenistische und römische Ideologie« entlarvt haben. Der Zusammenhang von (christlicher) Entmythologisierung und (marxistischer) Ideologiekritik ist auch hier evident. Denn wer das Evangelium entmythologisiert, das heißt, es in die eigene Situation zurückübersetzt, der wird sich auf die Dauer auch die Mythen des Staates und der Wirtschaft, der Herrschenden und ihrer angeblich sachlichen Notwendigkeiten nicht mehr gefallen lassen. Die Kritik der Religion – im Namen Christi und um der Sache Christi willen – befreit zu einer Kritik nicht nur der kirchlichen Geschichte und Gegenwart, sondern auch der politisch-sozialen Zustände, die Religion einst zu verschleiern und zu verklären half. Entmythologisierung ist also ein Stück Befreiungsarbeit, das in den großen Zusammenhang der aufklärenden Ideologiekritik gehört – und dies auch dann, wenn die Theologie selber sich dieser gesellschaftlich-politischen Konsequenzen nicht bewußt ist. Jedenfalls kann der Marxismus eine solche Theologie als antikonstantinisch verstehen – mit dem Recht jener Hermeneutik, die die Folgen eines Ideenzusammenhanges einbezieht. In den Worten von Garaudy:

»Die ganze Kirchengeschichte ist von dieser inneren Dialektik durchzogen, von diesem Gegensatz zwischen der konstantinischen Tradition, wo der Ton auf der Sünde liegt, die zur Rechtfertigung für den Staat und die

Herrscher dient, die gottgewollt und legitim sind, um Menschen zu führen, die zur Freiheit nicht fähig sind – und der apokalyptischen Tradition, die jedesmal dann wiederauflebt, wenn die Volksmassen sich ihrer Kraft bewußt werden; die den Ton auf die Versicherungen legt, daß des Menschen Sohn die Sünde besiegt hat, und die manchmal darangeht, die Apokalypse in die Geschichte zu versetzen. Die konstantinische Tradition sanktioniert alle Klassenherrschaften: Sklaverei, Leibeigenschaft, Lohnarbeit, und macht die Kirche mit ihnen solidarisch. Die apokalyptische Tradition beseelt die Aufstände von Jan Hus wie die neuesten Kolonialhäresien. Vielleicht liegt der tiefere Sinn der Bewegung des aggiornamento darin, daß unter dem Druck der veränderten Existenzbedingungen der Menschen im 20. Jahrhundert der apokalyptische Pol gegenüber dem konstantinischen Pol an Boden gewinnt.«[12]

Die Frage, die sich damit stellt, heißt: Ist der Zusammenhang zwischen bürgerlicher und christlicher Kultur auflösbar? Zur konstantinischen Tradition gehören »absolutistische Christen«, die keinen Dialog brauchen, weil sie an fixierte Bekenntnisse gebunden sind. Der italienische Marxist Lombardo-Radice sieht im Sozialismus »die notwendige Bedingung für die Entwicklung eines dialogischen und dialektischen Pluralismus. Ein Musterbeispiel ist der wissenschaftliche Pluralismus . . . Als Marxist kann ich insbesondere nicht glauben, daß Riten, Organisationen, Dogmen eines religiösen Bekenntnisses unverändert, fest, unbeweglich bleiben können in einer Gesellschaft, in der die freie Konfrontation, die Zirkulation der Ideen, die vorurteilslose Prüfung echt und allgemein sind . . . Kann aber ein Gläubiger bis auf den Grund und in der Praxis die Methode der freien Konfrontation akzeptieren? Kann er sie zum

12 Garaudy, Dialog, 53.

Beispiel in der Erziehung akzeptieren, indem er sich selbst zum Verfechter der Ausbildung aller Jugendlichen in einer öffentlichen demokratischen, nicht konfessionsgebundenen Schule macht? Ist die Zugehörigkeit zu einem religiösen Bekenntnis vereinbar mit einer dynamischen Auffassung von der ›Wahrheit‹? Kann der Christ überzeugt sein, wie der Marxist es ist, daß ›alles, was sich starr in seinem Sein erhalten will, bestimmt ist, sich im Nichts zu verlieren‹? Ich glaube, daß ein religiöses ›Credo‹, das sich im Bewußtsein lebendig erhält, notwendig wächst, sich ändert, die sterbenden Teile verläßt; ich glaube es, weil ich es sehe.«[13]

In der Sprache der Theologie bedeuten diese möglichen Veränderungen des Glaubens, daß Inkarnation nicht als ein einmal abgeschlossener Vorgang verstanden werden kann; sie ist weiterwirkender Prozeß. Mit dieser Auffassung bietet die marxistische Kritik dem Christentum gleichsam eine erneute Chance, seine eigene »tiefe Diesseitigkeit«, von der Bonhoeffer sprach, wahrzunehmen und wahrzumachen. Nicht der Christus der Perfektionisten, die »in ihm« alles zu haben glauben und ihn, der nie alles hatte, aber auf alles wartete, auf diese Weise verfehlen, ist der Christus des sich selber verstehenden Glaubens. Die marxistische Kritik betrifft den Glauben ernsthaft nicht dort, wo sie die These von der Religion als dem Opium des Volkes wiederholt, wohl aber dort, wo sie den Christus der *ecclesia triumphans*, ihr doktrinäres, monolithisches System kritisiert. Sie hat Pascal, der von Jesus *en agonie jusqu'à la fin du monde* sprach, vielleicht besser verstanden als jene Christen, die in ihren christologischen Gehäusen befangen bleiben. In den Gesprächen der Paulusgesellschaft hat Garaudy diese Frage in die Sätze zusammengefaßt:

13 Lucio Lombardo-Radice, Pluralismus in einer sozialistischen Gesellschaft. In: Paulusges. 252 und 262.

»Die historische und soziale Dimension des Menschen ist der christlichen Botschaft nicht fremd; vielleicht ist der Marxismus für die Christen nichts anderes als eine echte Mahnung zur Besinnung auf die Inkarnation.«[14]

Zukunft – und ihr Existenzial: Hoffnung –, das ist das bevorzugte gemeinsame Thema. Und zumindest ein Ergebnis des neuen Gesprächs dürfte sein, daß die Problematik sich nicht mehr ins Klischee von Diesseits- und Jenseitshoffnung verrechnen läßt. Das ist Rahner, Metz und Moltmann als Theologen, erst recht Garaudy, Gilbert Mury und Lucio Lombardo-Radice zu danken. Karl Rahner – hierin Repräsentant gegenwärtiger Theologie auch des Protestantismus – versteht das Christentum als »die Religion der absoluten Zukunft«. Es ist »die Proklamation eines absoluten Werdens, das nicht ins Leere weitergeht, sondern die absolute Zukunft wirklich findet, ja sich schon in ihr bewegt . . . Das Christentum ist also die Religion des Werdens, der Geschichte, der Selbsttranszendenz, der Zukunft. Für es ist alle Gegebenheit Aufgegebenheit; alles nur verständlich vom Ausständigen her.«[15]

Rahner unterscheidet streng zwischen der absoluten und der innerweltlich-kategorialen Zukunft. Die absolute Zukunft entzieht sich unserer Planung, sie bleibt Geheimnis, »unverfügbar«, wie Bultman, Heidegger folgend, formuliert. Sie ist mehr als der ständige Reiz der Geschichte oder ihr bloß asymptotischer Zielpunkt, dessen Funktion damit erschöpft wäre, die Geschichte in Bewegung zu halten. Diese Art geistesgeschichtlicher Benutzung der traditionellen Eschatologie ist für Rahner nicht ausreichend, weil sie das Absolute vollständig vermittelt. Allerdings bleiben ihm die Schwierigkeiten einer Vermittlung zwischen dem »Reich Gottes«, das

14 Garaudy, »Was uns trennt – was uns verbindet«. In: Paulusges. 322.
15 Karl Rahner, in: Dialog, 12 und 13.

Gottes Tat bleibt, und der Geschichte einer Mitarbeit an der »neuen Erde« nicht erspart. Es ist die gleiche Schwierigkeit, die ein Salzburger Diskussionspartner auch, und mit Recht, dem Marxismus ankreidete:

»Wenn das Christentum keine überzeugende Beziehung des absoluten Geheimnisses der Zukunft zu den kategorialen Inhalten der innerweltlichen Zukunft herstellt, so begegnet es dem gleichen Problem wie der Marxismus, der eine Zukunft in schöpferischer Freiheit ohne Bezug läßt zu seiner durch Inhalte prädeterminierten Zukunft.«[16]

Im Versuch, auf diese Frage zu antworten, hat der katholische Theologe Johannes Baptist Metz in Marienbad eine Konzeption der Kirche als einer Institution vorgelegt, die einerseits, orientiert am eschatologischen Horizont, einen Vorbehalt jeder konkreten Gesellschaft gegenüber schafft und aus solcher Distanz Kritik an den jeweiligen Provisorien ermöglicht; und die andererseits gerade die Hoffnung für die Welt in die Verantwortung der Menschen stellt.

»Denn für solche Hoffnung zeigt sich die Welt nicht einfach als fixe und fertige Welt, für die jeglicher Prozeß akzidentell ist im Hinblick auf ihren gesuchten wesentlichen Bestand, sondern als eine entstehende, auf die Zukunft Gottes hin entstehende Welt, für deren Prozeß die Hoffenden in unabweislicher Verantwortung stehen.«[17]

Verantwortung für die absolute Zukunft wird also nur innerhalb der kategorialen Zukunft übernommen. Die vom Menschen gemachte Geschichte hat endgültige – nicht nur vorbereitende – Bedeutung. Am nächsten bei den Marxisten scheint sich hier Teilhard de Chardin aufzuhalten:

16 Peter Heintel, in: Paulusges. 217.

17 Johannes Baptist Metz, Zukunft gegen Jenseits? In: Paulusges. 223.

»Die Synthese des (christlichen) Gottes über uns und des (marxistischen) Gottes vor uns: das ist der einzige Gott, den wir fortan im Geist und in Wahrheit anbeten können . . . Es ist unsere Menschenpflicht, zu handeln, als wenn unsere Macht keine Grenzen hätte. Da wir durch die Existenz bewußt Mitarbeiter an einer Schöpfung geworden sind, sie sich in uns fortsetzt . . . müssen wir Gott mit allen unseren Kräften helfen und die Materie handhaben, als wenn unser Heil nur von unserer Geschäftigkeit abhinge.«[18]

Im Strom des Fortschritts geht derart der Prozeß der Sozialisierung mit dem der Personalisierung überein – dieser Gedanke Teilhards kann beinahe als christlich-marxistisches Allgemeingut angesehen werden. Legte die traditionelle materialistische Religionskritik die Christen gerade auf ihre Jenseitigkeit fest, den Himmel getrost den Spatzen und den Pfaffen überlassend, so fordern heute Marxisten von Christen einen größeren, nicht in schlechter Unendlichkeit (im Sinne Hegels) begrenzten Glauben. Sie wollen die Christen nicht zu Konvertiten machen, sondern zu Christen, die der Inkarnation gewisser sind: »Um Verbündete der Marxisten zu sein, brauchen sie nicht weniger, sondern mehr und mutigeren Glauben.«[19]

Marxisten lernen von Christen: Transzendenz

Solange Religion im Marxismus unter der Kategorie der Entfremdung verstanden wird, als Opium, Illusion oder Hindernis beim Aufbau einer menschlichen Gesellschaft, ist ein christlich-marxistischer Dialog sinnlos. Und wie sollte sie anders verstanden werden, solange der

18 Teilhard de Chardin, zitiert nach Paulusges. 96.

19 Lombardo-Radice, a. a. O., Paulusges. 200.

ökonomische Determinismus als Grundlage des Marxismus angesehen wird? Die Selbstkritik der fortschrittlichen Marxisten setzt dabei gegen diese vulgärmarxistische mechanistische Verflachung die Marxsche Dialektik von Überbau und Basis wieder in Kraft: Die ökonomisch-soziologische Basis bringt zwar den Überbau hervor, aber dieser erlangt eine relative Selbständigkeit gegenüber der Basis und wirkt auf sie zurück. Der Marxismus versteht sich selbst heute mehr und mehr als »eine Methodologie der historischen Initiative«, und das heißt zugleich: »daß das Handeln etwas anderes und mehr als die Gesamtheit seiner Bedingungen ist«[20]. Wenn demnach Erkenntnis als Widerspiegelung *und* als Entwurf gedacht werden muß, so gilt dies auch für den christlichen Glauben – auch er muß dialektisch gesehen werden, auch er ist nicht nur »der Ausdruck des wirklichen Elends«, sondern zugleich die »Protestation gegen das wirkliche Elend« (Marx). Daß er revolutionäre Kraft hat, nicht nur einst hatte, ergibt sich daraus, daß er wie der Marxismus eine »Lehre von der Befreiung des Menschen«[21] ist – auch für Marxisten.

Mit dieser Veränderung der Erkenntnistheorie geht eine neue Wahrnehmungsfähigkeit für theologische und religiös-kirchliche Veränderungen einher. Das Basis-Überbau-Schema paßt nur sehr bedingt zur modernen Intellektualisierung der Religion, und der Protestcharakter der Religion wird von den Marxisten insofern ernst genommen, als sie ihrerseits fordern, was die Theologen seit einiger Zeit unternehmen: nämlich Entmythologisierung. Die soziale Rolle einer nicht-konstantinischen Theologie steht im Widerspruch zur Behauptung der religiösen Entfremdung des Menschen. So haben

20 Garaudy, in: Dialog, 70.

21 Cesare Luporini, in: Paulusges. 232.

Garaudy, Gilbert Mury, der stellvertretende Direktor am Centre d'Etudes et de Recherches Marxistes in Paris, und Luporini, der Florentiner Philosoph und Marxist, auf die Marx-Texte zurückgegriffen, sie entideologisiert und in ihre historische Situation zurückgebunden. Religion ist ebenso Stimulans der Veränderung, der »chiffrierte Traum erfüllten Menschentums«[22], sie kann dies zumindest sein – so konkret-praktisch sie immer wieder als »Opium des Volkes« benutzt werden mag.

»Für den Marxisten aber handelt es sich hier nicht um eine ewige Wahrheit, sondern um eine Kritik der sozialen Funktion, die die Religion hauptsächlich gehabt hat, besonders in der Neuzeit. Die sogenannte ›religiöse Entfremdung‹ hat für den Marxisten diesen konkreten Sinn und keine spekulative Bedeutung.«[23]

Damit wird die bloß materialistische Religionskritik überwunden und der Streit zwischen Feuerbach und Marx fortgeführt: Gegen die zu Feuerbachs undialektischen Thesen erstarrte parteiamtliche Doktrin berufen sich die genannten marxistischen Intellektuellen auf Marx selber, der die Frage auch der Religion von den Bedürfnissen abhängig machte und sich nicht länger bei Irrtümern und Projektionen aufhielt. Ob Religion eine Zukunft hat, bleibt in diesem gewandelten Verständnis offen; ihr Absterben muß nicht mehr prophezeit werden. Die Auffassung, daß die Religion mit dem Fortschritt der Wissenschaft und der Veränderungen der sozialen Strukturen verschwinden werde – so gestand Palmiro Togliatti in seiner Rede von 1963 –, »war ein Produkt der Ideen der Aufklärung des 18. und des Materialismus des 19. Jahrhunderts. Sie hat aber die Prüfung der Geschichte

22 Palmiro Togliatti, Rede von 1963, zitiert nach: Paulusges. 231.
23 Cesaro Luporini, Unüberwindbarer Gegensatz oder ausräumbare Mißverständnisse? In: Partner von morgen? Das Gespräch zwischen Christentum und marxistischem Atheismus, hrsg. H. J. Girock, Stuttgart, 1968, S. 23.

nicht bestanden. Die Wurzeln des religiösen Bewußtseins liegen tiefer, die Realität ist viel komplexer.«

Soweit der Marxismus sich heute als Erbe der Menschheits(vor)geschichte versteht, hat er auch die Fragen der Menschheit geerbt und will sie nicht mehr mit Hilfe einer ökonomischen Reduktion verdrängen. Welche Fragen? Die nach Leid, Schuld, Tod. Welche Bedürfnisse? Die nach Sinn auch der individuellen Existenz. Das gilt für die Polen Leszek Kolakowski und Adam Schaff ebenso wie für die Tschechen Milan Machovec und Jirí Cerný und viele andere: Sie alle suchen »eine Theorie der Transzendenzen, die nicht entfremdet ist«[24], weil es neben dem zu beseitigenden Leid Formen des Leidens gibt, die nicht aufgehoben werden können, ja die die Menschlichkeit mitkonstituieren. Man will den kommunistischen Endzustand nicht mehr als Leidlosigkeit mißverstehen, und zunehmend mit der Wiederentdeckung der Tiefendimensionen der Subjektivität wächst das Bewußtsein, daß diese Subjektivität »den Dialog mit sich selber« braucht und ohne ihn, der sich beispielhaft in den Psalmen ausspricht, verkümmert. Man hat sich der Kritik Sartres gestellt, »die Erstarrung der marxistischen Ideologie zu einem Staatssystem beruhe auf ihrer Unfähigkeit, die konkrete Situation des Menschen als Individuum zu erfassen«[25]. Das Ziel des Klassenkampfes wird definiert als die Schaffung der Voraussetzungen, »die jedem Menschen die Möglichkeit geben, ein Mensch zu werden, das heißt eine Kernmitte der Verantwortung und der geschichtlichen Initiative, ein Schöpfer, eine ›Person‹, wie die Christen sagen«[26].

24 Garaudy, in: Dialog, 91.

25 Sartre, zitiert nach Oktavian Vuia, in: Paulusges. 116.

26 Garaudy, Wertung der Religion im Marxismus, in: Paulusges. 95.

Diese Betonung des kreativen Elementes im Personbegriff, der freilich weniger vom Empfangen und vom Du her als vom Leisten und auf das Es hin gedacht wird, erlaubte vielleicht noch eine akzentsetzende Differierung zwischen christlicher und marxistischer Anthropologie. Entscheidend ist aber auch hier die Tendenz der Annäherung, wie sie sich in der Wiederentdeckung der Subjektivität im Marxismus ausspricht. Denn der persongewordene einzelne läßt sich auch die Frage nach dem Sinn des Ganzen nicht nehmen; Subjektivität und Sinnfrage gehören zusammen. Ist der Mensch nicht mehr undialektisch als Produkt und Objekt der Gesellschaft dargestellt, so erhebt sich sofort die Forderung nach einer marxistischen Anthropologie, die nicht mit dem Ende der Vorgeschichte überflüssig wird. *Robert Havemann* spricht von der »Unerreichbarkeit der von der marxistischen Utopie konzipierten vollkommenen moralischen Gesellschaft«[27]. Und gerade, weil den Marxisten »nichts versprochen« ist, weil sie Zukunft als Forderung und Frage, nicht aber als Verheißung und Antwort nehmen, wächst ihr Bedürfnis nach einer Transzendenz. Die Christen hätten in ihnen den »Mut zur Transzendenz« geweckt, gestand der Prager Philosoph *M. Prucha*. Fast erscheint hier die marxistische Transzendenz als eine Art *theologia negativa*:

»Von dieser Totalität, von diesem Absolutum (der Forderung) kann ich alles sagen, außer: es ist. Denn es steht gerade immer noch aus und befindet sich immer noch im Wachstum wie der Mensch selbst.«[28]

Dies wird um so deutlicher, je vernehmlicher den Marxisten die kritische Frage der Christen wird: die Frage nämlich, ob die Entfremdung im Sozialismus denn aufgehoben sei.

27 Robert Havemann, Kommunismus – Utopie und Wirklichkeit. In: Paulusges. 244.
28 Garaudy, Dialog, 90.

»Gibt es nicht vielmehr Gestalten der menschlichen Selbstentfremdung, die nicht durch eine wenn auch noch so geglückte ökonomisch-soziale Situation aufgehoben werden können und aus denen der Mensch immer den ›Schmerz seiner Endlichkeit‹ ziehen wird?«[29]

Beide, Marxisten wie Christen, müssen den Begriff der Entfremdung aus seiner Verengung lösen: Das Christentum sollte ihn auch auf die Kirche – als Teil einer Gesellschaftsordnung – anwenden, der Marxismus endlich auf das Individuum in der sozialistischen Gesellschaft. Es scheint mir fraglich, ob eine Theorie der Transzendenz denkmöglich ist – ohne eine Anthropologie der Entfremdung.

Der bleibende Gegensatz: die Erscheinungsweisen des Absoluten

Allerdings ist gerade das Problem der Transzendenz geeignet, den bleibenden Gegensatz zu verdeutlichen. Die Wandlungen der Partner haben klargemacht, daß dieser Gegensatz zu oberflächlich gedacht wird, wenn man ihn auf Formeln bringt wie: Atheismus–Theismus, Totalitarismus–Pluralismus, Diesseits–Jenseits. Das atheistische Pathos eines Mannes wie Roger Garaudy, der eine Schlüsselposition in diesem Dialog einnimmt, kommt aus einer Haltung, die man »Frömmigkeit« nennen darf, mit Schleiermacher »Sinn und Geschmack fürs Unendliche«. Was ihn bewegt, ist ein unableitbares Absolutum: die zum Unendlichen hin geöffnete Zukunft als die einzige Transzendenz, die für alle Menschen da ist, in der jeder zu einem fragenden und schaffenden Wesen wird. Der Atheismus hat innerhalb dieser Transzendenz nur dienende Funktion, er ist niemals Selbst-

29 Garaudy, Dialog, 133.

zweck. Und sowenig der Theismus innerhalb der modernen Theologie eine Vor-bedingung für den Glauben darstellt, sowenig der Atheismus für den Marxisten. Notwendige Voraussetzung für marxistische Existenz scheint mir etwas ganz anderes zu sein: nämlich eine Art Leiden.

»Diese stillschweigende und fortdauernde Gewalt, die Menschen da angetan wird, dieses Regime, das Millionen von Menschen, die man trotzdem freie Bürger nennt, dazu verurteilt, auf geistiges und seelisches Leben zu verzichten: Sie werden mir erlauben, diese Welt nicht als eine freie Welt zu bezeichnen.«[30]

Die Dimension des Unendlichen erscheint hier marxistisch im ungestillten Leiden. Garaudys Transzendenz ist Frage, nicht Antwort, Bedürfnis, nicht Befriedigung, Abwesenheit, nicht Anwesenheit. »Mein Durst beweist nicht die Quelle. Das Unendliche ist für den Marxisten ein Fehlen und eine Forderung, für den Christen eine Verheißung und eine Gegenwart.«[31] In diesen Worten wird deutlich, daß der essentielle Grund des marxistischen Atheismus weder angebliche Wissenschaft ist noch auch bloße Ideologiekritik, sondern Kritik der Versöhnung, die jeder behauptet, der »Gott« sagt.

»Wenn wir sogar den Namen Gott ablehnen, so geschieht das deshalb, weil er eine Gegenwart impliziert, eine Wirklichkeit, während wir nur eine Forderung erheben, eine niemals befriedigte Forderung nach Totalität und Absolutheit, nach Allmacht gegenüber der Natur und nach vollständiger liebender Gegenseitigkeit der Geister.«[32]

Atheismus ist also mehr als eine Ehrenrettung des Menschen, der in der Arbeit zum Schöpfer seiner selbst

30 Garaudy, Was uns trennt – was uns verbindet. Paulusges. 323.

31 Garaudy, Dialog, 87.

32 Garaudy, Dialog, 89.

wird; er rettet dem Menschen die Transzendenz als Aufgabe. Rahner hat die Marxisten gefragt, wie sich der Mensch verstehen wolle, »ob als handelndes Wesen, nur *im* Ganzen, das mit dem Ganzen als solches nichts zu tun hat . . . oder als empfangend-handelndes Wesen des Ganzen, das es auch mit dieser Bedingung seines Erkennens, Handelns und Hoffens als *solcher* zu tun hat und . . . dieses Ganze, die absolute Zukunft selbst auf sich zukommen, für sich selbst Ereignis werden läßt«[33].

Aber in ein Verhältnis zum Ganzen gesetzt versteht sich auch der Marxismus; nur erscheint dieses Ganze ihm als Aufgabe, nicht als Vorgabe – theologisch gesprochen: als Gesetz, nicht als Evangelium. Dieser Ansatz bedeutet freilich für eine mögliche Anthropologie die Annahme eines unendlichen Potentials von Sehnsucht, von Fragen und Bedürfnissen.

»Kann aber das Fragen gewissermaßen aus sich selbst beginnen? Kann ein Fragen, das von keinem Versprechen, von keiner Verheißung geleitet ist, wirklich aus sich selbst anfangen, sich zu realisieren und geschichtlich eine Antwort zu finden? . . . Kommt aller Realisierungswille aus dem reinen Fragen oder aus Hoffnung? Wie aber muß diese Hoffnung fundiert werden? Wie kann Hoffnung ohne Verheißung sein?«[34]

Eine Frage, die nur zu berechtigt ist. Denn mir scheint, wenn schon das Christentum zu schwer für den Menschen ist, zu viel, nämlich Selbsthingabe, verlangt, so ist der Marxismus eine Überforderung, die niemand aushält und die deshalb notwendig nach Kompensation durch Herrschaft drängt. Es kann hier keine Barmherzigkeit geben, weil diese Überforderung keinen Vorschuß an Glück, an Geliebtsein zahlt. Es kann diesen Vorschuß nicht geben, weil »Gott« für den Marxisten nur als

33 Karl Rahner, Dialog, 15.

34 Gilbert Mury, Zukunft und Marxismus. In: Paulusges. 175.

Forderung existiert. Eine anthropologische Folge dieser Haltung ist die Reduktion des Menschen auf die Arbeit. (»Existieren heißt für den Marxisten schaffen«, sagt Garaudy.) Wird hier nicht eine wesentliche Dimension des Menschen vernachlässigt? Ich meine nicht die, die einer transzendenten Realität sich öffnet, sondern die anthropologische Dimension des Empfangens, Hörens, Nehmens, die sich immanent zwischen den Menschen abspielt, gleichwohl aber Transzendenz enthält.

Zwei abgenutzte alte Kirchen

»Der Marxismus hat der Utopie ein Ende gesetzt, weil er sich weigerte, das Problem zu vernachlässigen, das in der Frage nach den Mitteln beschlossen liegt, die zu dieser Zukunft führen. Seine Aufmerksamkeit gilt der dazwischenliegenden Zeitspanne, in der die revolutionäre Arbeit den Menschen dort erfaßt, wo er sich konkret befindet, und ihn schließlich zum Siege führt.«

Diese auf Praxis zielende Frage nach der Methode der Realisation ist in dem bisherigen Dialog nicht genügend bedacht. Eines der brennenden Probleme für alle, die innerhalb eines Apparates wie Partei oder Kirche oder Universität arbeiten, ist die Frage nach der Herrschaft – und gerade sie blieb unreflektiert. Wie funktioniert Herrschaft in einer Bürokratie, wie bildet sich ein Apparat, wer kontrolliert die Kontrolleure? Die Reflexion auf die Verteilung von Macht, die nicht mit dem Privateigentum an Produktionsmitteln verbunden ist, hat im Marxismus erst spät und nur begrenzt eingesetzt. Sie wird um so dringlicher werden, je deutlicher die Herrschaft der Technokraten gerade die Stellen besetzt, die einem prinzipiell fachwissenschaftlich fragenden Denken nicht mehr lohnend oder wesentlich erscheinen. Wer bestimmt, welche Fragen überhaupt gestellt oder bearbeitet werden?

Christentum und Marxismus geben darauf dieselben altmodischen Antworten eines Humanismus, der zugegebenermaßen ein Glaube ist.

»Was den Glauben betrifft, ob es sich nun um den Glauben an Gott oder den Glauben an unsere Aufgabe handelt und was auch immer unsere Meinungsverschiedenheiten über seine Quelle sein mögen . . . er erlegt uns die Pflicht auf, aus jedem Menschen einen Menschen zu machen, das heißt einen lebendigen Initiativherd, einen Poeten im tiefsten Sinne des Wortes, nämlich einen Menschen, der täglich die Erfahrung eines schöpferischen Überschreitens gemacht hat, was die Christen Transzendenz und wir seine wahre Menschlichkeit nennen.«[35]

Ich nenne diese beiden Arten des Glaubens »altmodisch«, weil im heraufziehenden Positivismus die Frage nach der transzendierenden Selbstverwirklichung des Menschen nicht mehr gestellt, ja nicht einmal mehr verstanden wird. Der in den hier erwähnten Dokumentationen oft zitierte Kommentar eines Studenten nach dem Ende eines christlich-marxistischen Gesprächs in Paris lautete:

»Die Diskussion ist interessant. Leider stellen Marxismus und Christentum nur zwei alte Kirchen dar, die eine so abgenutzt wie die andere.«

Dicse skeptische Äußerung weist auf ein neues Stadium des Gesprächs hin, das bestimmt ist von einem sich selber als post-ideologisch verstehenden Zeitgeist. Der nicht-christliche wie der nicht-marxistische Zeitgenosse glaubt die Fragestellung, auf der Christen und Marxisten noch immer bestehen, überwunden zu haben. Er sieht diese Fragen als der Geschichte angehörend, antiquiert wie Partei und Kirche. Der Heidelberger Physiologe Josef Dudel kritisierte bei den Gesprächen der Paulusgesellschaft in Salzburg die transzendentalen The-

35 Garaudy, Dialog, 117.

sen beider Religionen, weil naturwissenschaftlich nicht evident zu machen ist, daß der Mensch und die vollkommene Erfüllung seines Wesens notwendig letzter Maßstab sein müsse. (»Einer naturwissenschaftlichen Aussage ist die totale Verwirklichung des Menschen als Imperativ wesensfremd.«) Die Auseinandersetzung, die auf Christentum wie Marxismus zukommt, wird deshalb vermutlich das Bündnis zwischen beiden eher festigen. Es wird dann weniger auf eine Differenzierung der Antworten ankommen, die diese beiden »alten Kirchen« auf die Lebensfragen geben, als vielmehr darauf, daß diese Fragen überhaupt noch gestellt werden. Denn die positivistische Kritik an beiden Partnern richtet sich nicht auf die Antworten, die diese bieten, sondern auf die Bedingungen der Möglichkeit solchen Fragens überhaupt. Die Bedürfnisse der Menschen nach Sinnerfahrung oder Sinngebung beispielsweise gelten den Positivisten als Erfindungen oder Machenschaften. Da aber Christentum wie Marxismus an diesen veralteten Bedürfnissen orientiert sind, werden sie ihre Aufgabe, Religion zu sein in einer religionslosen Welt, Transzendenz in einer verdinglichten und Entfremdung nicht einmal mehr bemerkenden Gesellschaft, eines Tages vielleicht besser gemeinsam lösen können. Besser bedeutet rationaler beziehungsweise klarer darüber, wo sie rational argumentieren und wo sie auf rational nicht ableitbare Wünsche und Bedürfnisse zurückgreifen. Zu dieser Rationalität können sich beide Partner helfen.

»Unsere Ausführungen richten sich nicht gegen den Marxismus als eine sozialrevolutionäre Bewegung, nicht gegen seine Diagnose und Therapie der Gesellschaft, soweit er rational argumentiert und rational diskutiert werden kann. Sie sollen vielmehr dazu beitragen, daß sein rationaler Kern an den Tag kommt.«[36]

36 Helmut Gollwitzer, Die marxistische Religionskritik und der christliche Glaube. Siebenstern-Taschenbuch 33, 115.

In den erwähnten Gesprächen wurde dieses neue Bündnis der beiden »alten Kirchen« vor allem dort sichtbar, wo eine naturwissenschaftliche oder statistisch gut begründete Untersuchung die Probleme der Philosophen und Theologen weit hinter sich gelassen zu haben glaubte. In Salzburg versuchte der Physiker Heinrich Kaiser Christentum und Marxismus als isomorphe Heilssysteme darzustellen, indem er ihre Inhalte vollständig formalisierte und ein Meta-System forderte. Und ein Religionssoziologe meinte feststellen zu können, was eine Religion leisten kann, ohne die Frage nach ihrer Wahrheit auch nur im mindesten zu berühren:

»Wenn eine Religion eine Dauerfunktion in der Gesellschaft erfüllen will, so hat sie zwar den Zentralwerten der betreffenden Gesellschaft Sinn zu verleihen, sie jedoch zugleich auch abzuwerten. Eine Religion, die diese Aufgabe nicht zu leisten weiß, wird von einer anderen überrollt. Mit anderen Worten, nur eine Religion, die trotz ihrer Weltbejahung zu den konkreten Gesellschaften in einem Spannungsverhältnis steht und sich sozialkritisch verhält, wird sich auf die Dauer behaupten können.«[37]

In Marienbad schließlich erregte das Referat des Psychotherapeuten Paul Matussek Aufsehen, weil hier die »ideologische Persönlichkeit« unabhängig von allen divergierenden Inhalten der jeweiligen Ideologie als autoritätsabhängig und unkreativ dargestellt wurde. An solchen Stellen gewinnt der christlich-marxistische Dialog ein Gegenüber. Er wird sich der Konkretion der Fachwissenschaften (Kreativitätsforschung und Religionssoziologie als Beispiele) stellen müssen, und das wird ihn möglicherweise aus einer Selbstverfangenheit lösen, die den eigenen Machtapparat und die eigene

37 Osmund Schreuder, Religionssoziologie und Marxismus. In: Paulusges. 162.

Wirkung auf andere allzuwenig reflektierte. Dabei könnte das auf beiden Seiten Gelernte: das Bewußtsein der Inkarnation und die Fähigkeit zur Transzendenz, endlich anwendbar werden.

Es gibt Leute genug in Ost und West, die das Wort »Entfremdung« nicht mehr hören können. Über die Sache selbst ist damit nichts entschieden. Ihre Erkenntnis ist notwendiger denn je in einer Gesellschaft, die das Bewußtsein davon, wie Menschen heute um ihr Leben betrogen werden und sich betrügen – also das Bewußtsein der Sünde –, mit allen Mitteln verdrängt. Aufgegeben ist diese präzisierte und detaillierte Erkenntnis den Christen wie den Marxisten. Und es scheint mir im gegenwärtigen Stadium viel, wenn sie beide im Denken der Entfremdung für alle das eine bewahren: die Fähigkeit zum Leiden.

Theologie ohne Gott

Im Gespräch mit Günter Gaus

Gaus: Frau Dr. Sölle, Sie sind die protestantische Vertreterin einer Theologie, die damit fertig werden will und muß, daß nach Auffassung dieser Theologie Gott im herkömmlichen Sinn tot ist. Mit einem solchen Gottesverständnis wurde man in Ihrer Generation, Sie sind Jahrgang 1929, noch nicht geboren, es mußte sich entwickeln, es bedurfte der Anstöße. Was hat Sie auf den theologischen Weg gebracht, auf dem Sie jetzt sind?
Sölle: Eigentlich eine längere Entwicklung, die so ähnlich gelaufen ist wie für viele Leute in meiner Genera-

tion. Ich stamme aus einem liberalen und großbürgerlichen Elternhaus und bin als Kind in den Kindergottesdienst geschickt worden, weil das gegen die Nazis gut war oder meinen Eltern gut zu sein schien, und ich bin im Laufe des Schulunterrichts auf den Gedanken gekommen, mich mit Theologie etwas näher zu beschäftigen. Ich habe dann sehr viel gelernt von dem Bultmannschen Entmythologisierungsprogramm und seinen Folgen, und das ist für mich sicher ein wesentlicher Anstoß gewesen, der allein allerdings nicht ausreichte. Der zweite wichtige Anstoß ist, glaube ich, die Beschäftigung mit der gesellschaftlichen Wirklichkeit, die Beschäftigung mit dem Marxismus, das heißt auch die Annahme oder Übernahme der marxistischen Religionskritik für eine Theologie, die noch mehr überkommene Selbstverständlichkeiten ausräumte. Also ein Schritt über die Entmythologisierung hinaus, der aber von da aus durchaus seinen Anfang nimmt.

Gaus: Aber es bedurfte dazu auch des politischen Anstoßes?

Sölle: Ja, der Entwicklung eines politischen Bewußtseins, eines politisch-gesellschaftlichen Bewußtseins. Dies war aber bei mir sehr stark getragen durch die theologische Fragestellung, ich war lange Zeit Religionslehrerin und merkte, daß viele der Schwierigkeiten meiner Schülerinnen daher kamen, daß sie gesellschaftlich und politisch so verdummt und verstört waren, daß die Botschaft des Evangeliums ihnen gar nichts sagen konnte, und von daher hatte sich für mich immer stärker die Nötigung ergeben, die Gesellschaft, in der wir leben, mit zu reflektieren, wenn von Theologie die Rede ist.

Gaus: In welchem Bewußtseins-Zustand waren diese Ihre Schülerinnen?

Sölle: In einer Untertertia haben die Kinder mir einmal gesagt: Hitler war doch gar nicht so schlimm, der hat doch auch die Autobahn gebaut – als ich etwa als Beispiel

die Judenverfolgung erwähnte; sie waren völlig unwissend, sie hatten in dieser Zeit ja noch sehr viel weniger politische Bildung als heute, da hat sich einiges verändert . . .
Gaus: Ihre Erkenntnis von einem notwendigen christlichen Atheismus, ist das eine von innen wirkende Gnade, bleibt dieser Vorgang an ein personales Erlebnis oder an eine personale Entwicklung, wie Sie sie genommen haben, gebunden, oder halten Sie für möglich, daß Ihre Auffassung vom Christentum durch einen gesellschaftlichen Lernprozeß zu einer allgemeinen Auffassung werden könnte?
Sölle: Ja, das halte ich nicht nur für möglich, ich bin dessen sogar relativ sicher, daß das Christentum entweder in einiger Zeit doch mehr oder weniger verschwunden sein wird oder daß es einen solchen Weg, in dem Glaube und Vernunft sich versöhnen oder Glaube und Aufklärung miteinander arbeiten, gehen wird. Eine andere Möglichkeit sehe ich kaum für das Christentum; wenn es überhaupt Zukunft haben soll, dann muß es auch den kritischen Fragen standhalten, kann vor diesen Fragen nicht in einen irrationalen Bereich ausweichen.
Gaus: Damit verlangen Sie aber von jedem Christen, der Ihrem Christentum folgt, daß er sich von außen bewegen läßt, ihm zu folgen, er braucht für diese Art Glaubenserlebnis nicht den inneren personalen Anstoß.
Sölle: Ja, ich weiß nicht ganz genau, was Sie meinen mit innerem personalen Anstoß, vielleicht ist das wirklich etwas, was es in unserer Welt kaum mehr gibt, also eine unmittelbare Gottesbegegnung, wie sie uns aus der Tradition erzählt wird, wie . . .
Gaus: wie sie Luther hatte und Augustin.
Sölle: Gut. Eine solche unmittelbare . . ., ich halte diese Zeugnisse schon für authentisch, sie überzeugen einen ja, aber eine solche unmittelbare Gottesbegegnung, auf die kann man eigentlich nicht warten in unserer Welt,

und ich meine auch, daß Gott den meisten Menschen in dieser Weise gar nicht begegnet, sondern daß sie wohl etwas erfahren, was wir auch im Sinne der Tradition »Gott« nennen können, daß sie das aber nicht auf diesem traditionellen Weg, der unmittelbar, sozusagen senkrecht von oben, ihnen zustößt, erfahren. Viel wichtiger finde ich, daß sie *ihre eigenen Situationen* wahrnehmen, also die Fragen, die ihnen in ihrem *Leben selbst* gestellt werden oder die da auf sie zukommen, daß sie diese Fragen begreifen als die großen religiösen Fragen.
Gaus: Zunächst einmal müßten sie die ja nur begreifen als die großen gesellschaftspolitischen Fragen. Was soll denn jetzt den gesellschaftlichen Bezug erhöhen in den religiösen Bezug? Wenn ein Mensch erkennt, daß er gesellschaftlich abhängig ist, daß er nicht frei ist, daß er ein Elender ist, dann ist das eine politische Erkenntnis und Einsicht. Was macht diese politische Erkenntnis und Einsicht zu einer in Ihrem Sinne religiösen?
Sölle: Ich glaube das Versprechen und die Verheißung, die etwa in der Bibel ausgedrückt sind, daß jeder Mensch die Chance des ewigen Lebens hat, daß jeder dazu geboren ist, in den Himmel zu kommen, wenn ich mich so traditionell ausdrücken darf. Das heißt, daß keiner aufgegeben werden kann und auch keiner sein eigenes Leben aufgeben kann . . . im Rahmen dieser Tradition – die ermutigt uns dazu, an einer Veränderung der Zustände zu arbeiten, so daß auch der einzelne ein erfülltes Leben gewinnen kann. Mir ist die Unterscheidung von persönlich und gesellschaftlich . . .
Gaus: Sie wollen sie nicht akzeptieren . . .?
Sölle: Nein, nein, die halte ich für falsch, weil ich meine, daß gerade das Persönliche so abhängig ist vom Gesellschaftlichen und so sehr bedingt, zum Beispiel durch die Erziehung, die ich genieße. Diese Abhängigkeit geht bis in mein alltägliches Leben hinein, meine Abhängigkeit von den Dingen, die produziert werden und die mir zum

Kauf angeboten werden. Alles dies verändert doch meine Sache auch.

Gaus: Sie haben mit Ihren Thesen Anstoß erregt, sichtbaren und hörbaren, bei den etablierten Autoritäten der evangelischen Kirche, zum Beispiel bei Präses Beckmann. Sie haben aber auch Zulauf gefunden, so bei den von Ihnen mitgestalteten sogenannten politischen Nachtgebeten, einer Art modernem Gottesdienst mit einem unmittelbaren politisch-gesellschaftlichen Bezug, einem Bezug, der mal der moderne Strafvollzug, mal Vietnam sein konnte. Wie setzt sich nach Ihrem Eindruck, nach Ihren Erfahrungen eine Gemeinde alters- und herkunftsmäßig zusammen, die zu dieser Art Gottesdienst kommt?

Sölle: Eigentlich sehr unterschiedlich. Es gibt da sehr viele junge Leute, die in Lederjacken und mit langen Haaren auf den Stufen des Altars sitzen und die sicher auch nach ihren Aussagen sehr selten oder auch nie in die Kirche gehen. Aber es gibt auch durchaus Angehörige der älteren Generation und der mittleren Generation, Menschen, die vielleicht unbefriedigt sind von dem, was ihnen in der Kirche, also im normalen Gottesdienst, geboten wird, und die hier die Möglichkeit sehen, sich selbst genauer zu formulieren. Ich meine, daß eigentlich zum Gottesdienst gerade dies gehört, daß ein Mensch sich darin aussprechen kann. Es ist für uns ein Ort, wo ein Mensch nicht nur Hörender ist, nicht nur Zuschauer, also nicht nur in dieser Weise Anteil hat, wo er selbst gefragt ist. Deswegen ist bei uns Diskussion ein ganz wesentlicher Teil dieser Gottesdienste. Diskussion gehört unmittelbar dazu, und Vorschläge der Kirchenoberen, man solle doch die Diskussion vielleicht aus dem sakralen Raum herausverlegen und dazu in einen Gemeinderaum gehen, die können wir eigentlich nicht akzeptieren.

Gaus: Weil Sie genau an den Kern stoßen, den Sie eben haben wollen.

Sölle: Ja, weil wir meinen, daß die Sakralität durch die Diskussion nicht verletzt, sondern gerade hergestellt wird, indem Menschen Menschen sein können; da sind sie Kirche, und die Kirche ist nicht ein Haus oder ein Raum, der in sich heilig wäre.
Gaus: Bei Ihrer Behauptung, Frau Sölle, Gott ist tot, was für Sie freilich keine Abkehr vom Christentum zur Folge hat, sondern gerade eine neue Hinwendung zu Christus, bei Ihrer Behauptung also vom toten Gott gehen Sie davon aus, daß Gott früher für die Menschen die Lücke in der Unerklärbarkeit der Welt, der Natur und in den schicksalhaften Abhängigkeiten gefüllt hat. Ist das richtig als Definition?
Sölle: Ja, das könnte man sagen, daß Menschen Gott angerufen haben in sehr vielen Problemen und Nöten, die durch die technische Mangelhaftigkeit und Unvollkommenheit der Produktionsverhältnisse hergestellt waren.
Gaus: Und in dieser Not, sich mit einem Schicksal konfrontiert zu sehen, dessen Herkunft man nicht kannte, bedurften sie Gottes.
Sölle: Ja.
Gaus: Soweit richtig.
Sölle: Soweit mit Feuerbach und Karl Marx richtig.
Gaus: Gut. Wenn Sie einräumen, daß Gott seine Funktion verloren hat, weil die Welt und ihre sozialen Abhängigkeiten nach Ihrer Meinung erklärbar geworden sind, besteht dann nicht die Gefahr einer schrecklichen Verkennung darüber, wieweit in Wahrheit die Welt noch immer für die meisten Menschen in ihren Abhängigkeiten ganz unerklärbar ist, und ist also nicht Ihre Theologie eine Theologie für die Aufgeklärten, für die, die ohnehin schon auf der Sonnenseite des Lebens sind?
Sölle: Ach nein, das scheint mir eigentlich eine Verkennung von dem, was Theologie überhaupt ist. Theologie zieht ja Menschen in einen Aufklärungsprozeß hinein.

Christus hat die Menschen aufgeklärt darüber, was Sünde ist, was verfehltes Leben ist, was Glück ist, was Heil ist, und diesen Prozeß beschreiben Sie jetzt als etwas sehr Statisches, indem Sie einfach zwei Gruppen konstatieren.

Gaus: Glauben Sie an die Veränderbarkeit des Menschen? Kann man den Menschen bessern, kann man ihn anders machen, als er ist?

Sölle: Ja. . . . ich halte diese Frage für wirklichen Atheismus. Wer so fragt oder wer meint, daß der Mensch unveränderlich sei, der glaubt wirklich nicht an Gott. Das biblische Wort für das, was wir heute Veränderung nennen, heißt ja Erlösung. Und eigentlich haben Sie mich eben gefragt: Glauben Sie, daß der Mensch erlöst werden kann? Und wie sollte ich dazu »nein« sagen können?

Gaus: Das »Nein« ist eine ganz klare, eindeutige Antwort. Dies heißt doch, Sie wollen Ihre Gemeinde einem langanhaltenden Lern- und Lehrprozeß unterwerfen?

Sölle: Ich würde vielleicht sagen, das Evangelium macht das.

Gaus: Während dieses langen Lernprozesses sollen die Menschen nach Ihrem Wunsch begreifen, daß vieles, was man Gott zuschreibt, in Wahrheit schlechte Politik ist und keineswegs hingenommen werden muß.

Sölle: Ja.

Gaus: Indem die Menschen lernen sollen, sich nicht alles gefallen zu lassen von politischen Mächten?

Sölle: Ja.

Gaus: Während dieses Lernprozesses ist am Beginn des Prozesses mancher Mensch vielleicht doch auf den Ausweg angewiesen, nach Gott als Lückenbüßer rufen zu müssen. Was bieten Sie ihm, bis er gelernt hat, in Ihrem Sinn Gott nicht zu brauchen?

Sölle: Wir versuchen, langsam zu übersetzen, was es heißt, daß er ausgeliefert ist. Wir versuchen, ihm schrittweise dahin zu helfen, zu erkennen, wo er von dieser Gesellschaft beschädigt ist. Allerdings kommt da noch etwas hinzu, was Sie eben nicht nannten. Bei dem Aufklärungsprozeß, den wir als Christen versuchen, spielt ja eine wesentliche Rolle ein besseres oder ein klares Verhältnis zur Sünde. Wir sagen den Leuten ja nicht nur, die Gesellschaft ist böse oder die da oben sind böse, sondern wir sagen im wesentlichen, wir Christen sind schuld daran, daß in diesem Land diese und jene Zustände herrschen. Wir haben noch nicht eine andere Ordnung des Strafvollzugs gefunden, wir beuten die Entwicklungsländer aus und verdienen an jeder Banane, die wir essen, weil wir die so ungerecht essen. Dieses ist die eigentliche Brücke, scheint mir, für die Menschen, und sie ist ganz in der Tradition verwurzelt. Es ist eigentlich das, was die christliche Tradition immer gesagt hat, daß der Mensch Sünder ist; wir legen das vor allem den alttestamentlichen Propheten folgend aus, die ja immer schon gesagt haben: Ihr ruft da zu Gott und verkauft die Armen um ein Paar Schuhe und verteilt das Land ungerecht und so weiter. Und diese sozialkritische Linie ist die eigentliche Hilfe dafür. Wenn Sie mich persönlich danach fragen, würde ich sagen, für mich ist es die Erfahrung der Hitlerzeit und das Schuldproblem, das sich daran angeschlossen hat – wie weit sind wir als Deutsche schuldig, haften wir dafür? Hier das Modell, daß ein Volk geschwiegen hat, während ein anderes ermordet wurde durch seine Leute, also durch die Deutschen. Das ist ein Vorgang, den man theologisch reflektieren muß, da kann man nicht einfach wieder vor '33 anfangen mit derselben Theologie. Eine Sache wie Auschwitz muß irgendwelche Konsequenzen haben – auch für das Denken einer Theologie.

Gaus: Ihr Konzept eines erneuerten, gegenwartsbezogenen Glaubens, eines gegenwartsbereiten Christentums darf, so behaupte ich, den Menschen nicht so nehmen, wie er in der Regel ist; denn der Mensch, und wir haben es ja wegen der Nichtbewältigung von Auschwitz doch in unserem Volk erlebt, neigt zu verdrängen, er neigt zur nächstliegenden Entschuldigung, er neigt nicht zur Buße, er neigt nicht zur Einkehr. Dieses ist der Mensch in seinem Elend. Meine Frage: Solange Sie ihn nicht durch einen Lernprozeß zu einem anderen Menschen gemacht haben, ist das, was Sie von ihm verlangen, möglicherweise gerade von Ihnen, die Sie sagen, den Nächsten lieben, der größte Auftrag, eine Überforderung des Nächsten.

Sölle: Ja, in gewissem Sinn würde ich das zugeben, aber das ist eine Überforderung, die notwendig ist oder die Jesus von Nazareth allen Menschen angetan hat, und ich würde eigentlich meinen, das Gegenteil ist Menschenverachtung. Menschen in einem unaufgeklärten Zustand lassen, dazu gehört doch eine ungeheure Menschenverachtung . . . Man kann doch Leute nicht einfach, weil sie vielleicht etwas glücklicher mit ihren Verdrängungen leben, darin lassen. Es zahlt sich ja wohl auch psychologisch nicht aus, es schafft ja wohl Neurosen, wie man weiß, und Glück ist dann sehr äußerlich verstanden, wenn man es so nimmt. Die Unruhe ist doch auch in den Menschen da, es ist ja nicht so, daß sie über die Spannungen in unserer Gesellschaft völlig drüber wären und nun munter meinten, es ginge alles so weiter. Sie leiden ja tatsächlich. Was wir tun, ist eigentlich nur, daß wir den Leidensdruck, der da ist, der auf allen lastet, bewußt machen, daß wir ihnen also mit der gesellschaftlichen Umwelt vermittelnd sagen, das kommt daher, das kommt daher, das kommt daher, das hängt damit zusammen, und in diesem Sinne den Lernprozeß anstiften. Aber ich weiß nicht, ich könnte mir eigentlich gar nicht vorstellen, wie eine Theologie oder eine christliche Kirche ohne diese Art der Überforderung jemals auskäme. Dann müßte sie sich tatsächlich aufgeben, wenn sie sich

vollständig anpaßte an das Bestehende. Dasselbe haben in früherer Zeit in einer, wie mir scheint, sehr falschen Weise die Kirchen gemacht, indem sie die Sexualität zu dem Punkt machten, an dem sie die Menschen überforderten, und zwar unbarmherzig überforderten. Der Punkt war sicher nicht richtig, das war eine Verkehrung dessen, was Jesus gemeint hat, aber die Tendenz, mehr zu verlangen als das, was jetzt ist, auch vom einzelnen, die, meine ich, ist eigentlich nicht aufgebbar, wenn man unter Liebe zum Nächsten also etwas Ernsthaftes und nicht nur eine Art Erleichterung oder Trost versteht.
Gaus: Wie wollen Sie der Gefahr entgehen – eine Frage, die an die politische Linke deutlicher gerichtet werden muß als an Sie – aber ich will Sie dennoch hier fragen: Wie wollen Sie der Gefahr entgehen, eines Tages andere zu ihrem Glück, so wie Sie es verstehen, notfalls zwingen zu müssen, wenn sich die Erkenntnis durchgesetzt hat, dieser Lernprozeß, wie Sie ihn fordern, aus guten Gründen fordern, sei das Richtige, und nun sollen die Menschen diesem Richtigen zugeführt werden, und wer nicht will, der wird genötigt.
Sölle: Sie denken wahrscheinlich an eine sozialistische Gesellschaft, in der so etwas möglich wäre. Ich weiß es nicht, ich nehme beinahe an, daß wir, diese Art von Christen, dann gegebenenfalls im Widerstand wären gegen eine solche Gesellschaft, und das heißt auf der Seite derer, die sich weigern, oder daß wir den Diskriminierten in einer solchen Gesellschaft helfen würden. Diskriminierung ist für uns tatsächlich ein ganz zentraler Punkt, Diskriminierung aller möglichen Gruppen, und in einer anderen Gesellschaft können das natürlich andere Gruppen sein, die diskriminiert werden und beschädigt werden, und es ist vielleicht schwierig, das so abstrakt zu formulieren, weil man nicht genau voraussagen kann, an welchen Stellen jeweils die Diskriminierung oder das Unrecht einsetzt, aber theologisch würde ich vielleicht

darauf antworten, daß die Liebe, wie sie im Neuen Testament gemeint ist, kein Prinzip ist, das bestimmte Regeln festsetzt, sondern tatsächlich eine Variabilität enthält, eine Sensibilität für den anderen.

Gaus: Und die Art, wie sie sich äußert, hängt von den gesellschaftlichen Gegebenheiten, zum Beispiel . . .

Sölle: . . . kann das vollständige Gegenteil sein, Gewaltlosigkeit kann das Christliche sein. Gewaltanwendung kann möglicherweise auch das Christliche sein.

Gaus: Unter welchen Bedingungen?

Sölle: Unter den Bedingungen, daß die vorher geübte Gewalt der Verhältnisse mehr Opfer fordert oder tödlicher ist als die Gegengewalt, unter den Bedingungen ist sicher Gewaltanwendung das Richtige, ich würde mich da etwa auf die Leute vom 20. Juli berufen.

Gaus: Wieweit halten Sie sich für die theologische Vollstreckerin der Aufklärung und insofern als Nachhut, und wieweit sind Sie Vortrupp?

Sölle: Es ist so schwierig zu sagen, weil natürlich viele unserer atheistischen Freunde immer wieder sagen: Na, jetzt kommt ihr darauf und habt es nun auch schon gemerkt, die Kirche hinkt wie immer nach. Ich halte das nicht für ganz richtig, diese These der Linken, sondern meine, daß in der Kirche und in der Religiosität Bedürfnisse des Menschen formuliert sind, die nicht aufgehoben werden können, die auch nicht allein durch Rationalität, durch Wissenschaft abgesättigt werden können, so wie es natürlich Probleme gibt, die sich nicht auflösen lassen, die auch in einer sozialistischen Gesellschaft nicht einfach abgestellt werden. So gibt es auch immer wieder Fragen von Menschen, die auf eine neue Weise ein Bedürfnis formulieren, etwas suchen, was ihnen die Wissenschaft zum Beispiel nicht geben kann.

Gaus: Ich darf Dorothee Sölle zitieren: »Ich weiß nicht, wie man nach Auschwitz noch den Gott loben kann, der alles so herrlich regieret. Die Weltgeschichte ist immer

mehr zur Sache der Menschen geworden, immer weniger können wir Gott verantwortlich machen für alles, was geschieht.« Soweit das Zitat von Ihnen. Gibt es eine Geschichte, die sich machen läßt durch den freien Willen des Menschen? Gibt es den freien Willen des Menschen?
Sölle: Ich weiß, das ist eine Frage, die in der klassischen evangelischen Theologie von Luther diskutiert worden ist. Der Kontext meines Denkens geht eigentlich nicht auf diese Frage direkt ein, sondern hier geht es darum, daß wir tatsächlich die Verantwortung für die ganze Welt und ihren Zustand haben. Ja, die Hunderttausende oder Millionen, die in den nächsten zehn bis zwanzig Jahren verhungern werden, klagen uns an, und in diesem Sinn, weil jede Anklage natürlich einen freien Willen voraussetzt, meine ich, habe nicht nur ich, sondern hat die christliche Anthropologie immer freien Willen vorausgesetzt, nämlich Verantwortung, und ohne eine Verantwortung können wir gar nicht christlich denken. Ob der Mensch seine Erlösung selber in der Hand hat, das ist eine davon zu unterscheidende Frage, die auch bei Luther, glaube ich, sehr genau voneinander unterschieden ist.
Gaus: Bleibt etwas Unaufhebbares, etwas Unverbesserbares, bleibt ein Rest, den wir nicht in der Hand haben, wenn wir versuchen, die Geschichte der Welt zu bestimmen und die Welt zu verbessern?
Sölle: Je mehr ein Mensch sich auf die Liebe einläßt, um so evidenter werden ihm die Reste, also um so klarer wird ihm eigentlich, wo er versagt, wo er das nicht erreicht, was er will, oder man kann auch ganz einfach sagen: Je mehr einer liebt, um so mehr wird er leiden. Das ist eine Erfahrung, die in Jesus formuliert ist und die wir seit Jesus wissen oder kennen. Und sich auf seine Geschichte einlassen heißt eigentlich sich darauf einlassen, daß wir die Reste erkennen und daß wir immer weiter an ihnen arbeiten.

Gaus: Ist ein Paradies auf Erden möglich?
(Lange Pause)
Sölle: Nein, ich glaube nicht. Ich glaube, daß ein Paradies eine Utopie ist, das heißt etwas, was wir entwerfen und von dem aus wir unsere Gegenwart korrigieren können, und daß in diesem Vollzug der Korrektur unserer Gegenwart, in diesem immer wieder neuen Entwurf eigentlich unser Leben besteht. Ein Paradies in einem vollständig tod- und leidfreien Leben zu sehen, das schiene mir unmöglich.
Gaus: Was ist der Sinn des menschlichen Lebens?
Sölle: Wissen Sie, eine Kinderfrage, die derjenige, der in dem Sinn lebt, nicht mehr stellt.
Gaus: Was ist Ihr Sinn?
Sölle: Ich könnte es vielleicht so sagen, daß der Mensch am anderen Menschen nicht mehr die Begrenzung, sondern seinen Reichtum erfährt, daß er im anderen nicht mehr seinen Feind, seinen Konkurrenten, seinen Unterdrücker erlebt, sondern seinen Freund, seinen Bruder, das Reich der Liebe. Das zu bauen oder darin zu leben, das ist der Sinn. Einen anderen Sinn außer der Liebe gibt es nicht.
Gaus: Sie haben in den Mittelpunkt Ihrer Theologie, wenn ich es recht nachgelesen habe, gestellt, nach dem Entwurf Christi zu leben, das heißt, Christus zu nehmen als einen Menschen, der menschliches Vorbild sein sollte.
Sölle: Ja.
Gaus: Was muß nach Ihrem Verständnis ein Mensch tun, heute in der Bundesrepublik, der den Entwurf Christi leben soll?
Sölle: Ich glaube, daß er in diesem Sinn im Widerstand zu dieser Gesellschaft leben muß, daß er also nicht vollständig angepaßt sein kann, daß er nicht gesellschaftskonform leben kann, das heißt, daß er Kritik üben wird, protestieren wird, verändern wird an sehr vielen ver-

schiedenen Stellen, je nachdem, wo er gerade ist, wie er zu arbeiten hat. Ich finde es sehr schwer, in der Bundesrepublik ein Christ zu sein, vielleicht schwerer als in anderen Zeiten.

Gaus: Warum?

Sölle: Weil das eine Gesellschaft ist, deren wesentliche und erklärte Ziele den Menschen eigentlich töten; denn die wesentlichen und erklärten Ziele sind Verdienen, sind Produzieren und Konsumieren. Es ist das, was diese Gesellschaft den Menschen, die hier leben, anbietet und ihnen ununterbrochen einimpft. Jedem sein Eigenheim etwa, oder jedem seine passive Rolle im Konsumieren und auch im Produzieren, in der er selbst seine eigene Vorstellung kaum durchsetzen kann. Anpassung, Zurücknahme, das ist ein Klima, in dem der christliche Widerstand sich sehr schwer artikuliert, viel schwieriger etwa als in der Zeit des Nationalsozialismus, wo der Gegner viel eindeutiger war, viel deklarierter oder maskenloser, während in unserer Gesellschaft der Gegner oder das Böse im System so versteckt ist, daß es sehr vielen Leuten kaum auffällt.

Gaus: Liegt die Gefahr nicht in Ihrer Auffassung, daß Sie allzu unbedacht über das bißchen Glück, das für viele Menschen in einem Eigenheim liegen kann, hinweggehen?

Sölle: Ich glaube, daß das Glück in den Vorstadtsiedlungen nicht so groß ist, wenn ich die Kinder, die da heranwachsen, betrachte oder die Spannungen, die innerhalb der Familien sind.

Gaus: Wodurch würde es größer, dieses Glück? Doch nicht durch den Konsumverzicht allein?

Sölle: Nein, sicher nicht allein, aber ich glaube durch Solidarität in einem weiten Sinn, mit mehr Menschen zum Beispiel; die Einsamkeit in unserer Gesellschaft, die Einsamkeit junger Ehepaare, die also nur ein oder zwei andere höchstens noch kennen, im übrigen vollständig konsum-orientiert und produktions-orientiert leben, die halte ich für tödlich. Es mag sein, daß darin eine gewisse Ungerechtigkeit liegt, wenn man dem Menschen etwas wegnimmt, der schwer arbeitet; aber das ist die Frage, was man dafür gibt, ich meine, daß allein schon das Bewußtsein, an einer Sache mitzuarbeiten, die eine Zukunft hat, also ein revolutionäres Bewußtsein, eine ungeheure Bereicherung ist, die diese Konsum-Orientierung tatsächlich vergessen läßt.

Gaus: Der Stellenwert, den das Transzendente, die jenseitige Welt, in Ihrer Theologie einnimmt, ist relativ klein. Sie verlangen die diesseitige Haltung des Christen. Sie sind heute vierzig Jahre alt, Frau Sölle, halten Sie für möglich, daß beim Älterwerden Ihre Theologie eine Hinwendung zu Ewigkeitserwartungen vollziehen wird?

Sölle: Der Himmel schütze mich . . . ich meine das sehr ernst. Ich hoffe, daß mir das erspart bleibt.

Gaus: Glauben Sie an ein Leben nach dem Tod?

Sölle: Ich möchte einen Zustand erreichen, in dem man nicht mehr nötig hat, das zu glauben.

Gaus: Einen personalen Zustand oder einen gesellschaftlichen Zustand?

Sölle: Beides, aber ich möchte es auch für mich selbst . . .

Gaus: Das eine ist vom anderen abhängig . . .

Sölle: Ich versuche, es für mich selbst so zu leben, aber mich interessiert die Frage nicht besonders, muß ich eigentlich sagen. Sie ist für mich keine entscheidende Frage. Ich würde sagen, es hat auch in der Tradition Menschen gegeben wie zum Beispiel die Propheten des Alten Testaments, die keine Jenseits-Vorstellungen kannten und die trotzdem so gelebt haben, mit einer Haltung, die ich den Glauben nennen würde, in einer vollständigen Diesseitigkeit, und ich meine, daß das ein Vorbild ist für unsere Welt . . . Ich würde eigentlich auch meinen, daß sehr viele Christen heute ganz ähnlich denken, daß das eigentlich für sie eine Randfrage ist, die sie nicht zentral betrifft. Ich habe einmal einem Mädchen in einer Diskussion, das mich gefragt hat: Ist mit dem Tod für Sie alles aus? gesagt: Wenn Sie für sich selber alles sind, dann ist für Sie mit dem Tod alles aus.

Gaus: Erlauben Sie mir eine letzte Frage. Was von dem, was Sie in den letzten Jahren getan und gelassen haben, hat Ihnen am meisten Genugtuung verschafft?

Sölle: Ich würde eigentlich meinen – das politische Nachtgebet, und zwar weil das ein Stück Theorie-Praxis ist, also ein Versuch, aus der Theorie, die ich gelernt habe und von der ich gehört habe, herauszukommen und auch aus einer nur intellektuellen Existenz herauszukommen, in der man diskutiert oder Bücher schreibt oder so etwas tut, in einen praktischen Vollzug mit anderen zusammen, also in einer Gruppe, in der man miteinander arbeitet. Das heißt nicht, daß das politische Nachtgebet die einzige Realisation ist, die ich mir vorstelle. Wir haben andere Pläne und werden also auch noch andere Dinge versuchen in dieser Richtung. Was mir am meisten am Herzen liegt und auch für die Theologie am wichtigsten zu sein scheint, sind solche Theorie-Praxis-Modelle, in denen Menschen wirklich auf einen neuen Weg gebracht werden, und zwar in einer größeren Gruppierung.

Das entprivatisierte Gebet

Die Schwierigkeit jeder theologischen Aussage heute besteht darin, daß wir zunächst den Schutt abräumen müssen, den die Tradition uns hinterlassen hat, als sie zerfiel. Diese Schwierigkeit stellt sich beim Beten in extremem Maße, sowohl beim persönlichen individuellen Gebet wie beim entprivatisierten, öffentlichen, politischen Gebet. So notwendig es ist, von vorn anzufangen, »ein neues Lied zu singen«, so unmöglich ist es, die Zerstörungen zu übersehen, die mit Hilfe von Gebeten angerichtet worden sind und noch angerichtet werden.

Als Deutscher, der nach Auschwitz lebt, frage ich mich, was wohl zwischen 1939 und 1945 in Deutschland gebetet worden ist, wofür und mit welchen Worten. Ich denke dabei nicht in erster Linie an die Kollaborateure und Sympathisanten, die für »unseren Führer« beteten, von denen es ja in beiden großen Kirchen genug gab; über sie zu urteilen ist relativ leicht. Eine ernsthaftere Gefahr scheint mir eigentlich die schweigende Mehrheit der Traditionalisten darzustellen, die beteten, wie sie es immer getan hatten; sie brauchten die Sprache ihrer Väter, eine richtige und schöne vergangene Sprache, die niemandem weh tat und die folgerichtig erlaubt war. Die Protestanten sprachen von der Rechtfertigung allein aus Glauben und die Katholiken vom Schutz der Heiligen Jungfrau, aber was hatte das mit dem geplünderten Geschäft des jüdischen Nachbarn zu tun?

Auch das öffentliche und allgemein formulierte Gebet ist noch nicht »entprivatisiert«, solange es noch keine Gegenwart gewonnen hat, solange es in der Vergangenheit wurzelt und von ihrer gesellschaftlichen Wirklichkeit, meist einer agrarisch-feudalen, geprägt ist. »Tu nur weg von mir das Geplärr deiner Lieder«, das Geplärr der konventionellen Leerformeln ist keineswegs überwunden, und noch immer igelt man sich in den christlichen Kirchen ein, den Blick senkrecht nach oben, aber möglichst nicht zur Seite. Beten kann zu einem Alibi werden, das zur Zeit des Verbrechens die Nutznießer und Mitschuldigen davon abhält, irgend etwas gewußt zu haben, es kann zu einer Passivität verführen, die lieber mit Martin Luther singt »Verleih uns Frieden gnädiglich«, als mit Franziskus »Werkzeug deines Friedens« selber zu werden.

Immer noch nicht gebannt ist die Gefahr, das Gebet mit Magie zu verwechseln, vielleicht darum, weil Magie dem Menschen schnellere und leichtere Hilfe verspricht, als der christliche Glaube es kann. Magisches Beten rechnet mit dem wunderbaren Eingreifen eines extramundanen Wesens, das unsere Schwierigkeit plötzlich und ohne unser Zutun löst: Plötzlich wacht man auf, und alles ist gut, die Belastungen und Ängste sind wie ein Alptraum verschwunden, die Schmerzen sind, ganz ohne Operation, abgeklungen! »Ich weiß, es wird einmal ein Wunder geschehen«, der Schlager drückt die unerwachsene Religiosität vieler Menschen heute aus: Plötzlich erliegen die griechischen Obristen einem Herzschlag ... Jürgen kehrt überraschend zu Anna zurück ... Die Weltmarktpreise für Rohstoffe sind plötzlich so gestiegen, daß die Länder der Dritten Welt eine Chance des Überlebens haben.

Ich meine, man sollte, wenn man solche Gebete hört oder sich selber bei solchen Stoßseufzern und Bitten ertappt, nicht vom »kindlichen Gottvertrauen« sprechen, sondern eher von theologischen Playboys, die durch das, was sie für Glauben halten, daran gehindert werden, erwachsen zu werden – und das heißt nichts anderes als: Verantwortung zu übernehmen. Wir müssen lernen, vor allem im politischen, im öffentlichen Gebet, aufzuhören, die eigene Ohnmacht zu verklären und auf den Fetisch, den alles vermögenden, allmächtigen Papa, der die Sache schon in Ordnung bringen wird, zu starren. Denn Gott, jedenfalls der, mit dem Jesus lebte, hat keine anderen Hände als unsere. Keine anderen Augen, keine anderen Ohren. Der Schrei, den wir nicht hören, wird nicht gehört, das Unglück, das wir nicht wahrnehmen, wird nicht wahrgenommen. Die Überwindung der Magie im Gebet beginnt damit, daß wir merken: Gott handelt nicht unmittelbar, wunderhaft, von oben. Er will unsere Hände brauchen, unsere Augen, unsere Ohren, so schwach, so arm, so »nur menschlich« ist er. Im Gebet identifizieren wir uns nicht mit einem starken »superman«, sondern wir übernehmen die Verantwortung für unsere Welt. Wie kann aber ein Gebet, das in dieser christlichen, erwachsenen Gottesvorstellung und nicht in theistischen Illusionen wurzelt, aussehen? Das sei hier an einem einfachen Beispiel politischen Betens durchgespielt.

Hat es einen Sinn zu sagen: »Senke die Rüstungsausgaben, Herr, und erhöhe den Entwicklungsetat in unserem Land?« Offensichtlich wird kaum einer mehr so naiv daherreden. Und doch sind viele landläufige kirchliche Gebete um den Frieden ebenso naiv, unmittelbar, reflexionslos und – weil von einer magischen Erwartungshaltung getragen – unchristlich.

Eine zweite Stufe politischen Betens sieht so aus, daß man vorsichtig versucht, den Gebetswunsch mit der Realität zu vermitteln. Man sagt dann vielleicht: »Gib den Mächtigen Einsicht, Herr, laß sie die Rüstungsausgaben senken und die Hungernden nicht vergessen!« Aber es ist mir fraglich, ob hier die falsche Hoffnung auf unmittelbares Eingreifen der supranaturalen Macht schon überwunden ist und ob ein solches Gebet schon christlich ist. Denn noch ist in solchen Worten die Realität selber als schicksalhaft verstanden, als das, was die da oben machen. Zum Schicksal, dem wir unterworfen sind, paßt der supranaturale allmächtige Gott. Ein aufgeklärtes und sich weiter aufklärendes Verständnis der Realität kann mit einem solchen Gott nichts anfangen. Die Erfassung der Realität in einem solchen Gebet der zweiten, vermittelten Stufe ist oberflächlich; nach den Gründen, die die Mächtigen haben können, oder gar nach ihren Interessen am großen Rüstungs- und kleinen Entwicklungsetat wird nicht gefragt. Wenn dann noch, wie meist, der erste Teil der Bitte, der immerhin die Entwicklungshilfe in ein Abhängigkeitsverhältnis zur Aufrüstung bringt, weggelassen wird, vielleicht aus Angst vor bürgerlichen Kirchgängern, denen die steigenden Rüstungslasten ein Sicherheitsgefühl geben, vielleicht auch aus politischer Unkenntnis der Zusammenhänge oder aus ihrer Verdrängung, dann wird das in dieser Form häufig gesprochene Gebet »für die Hungernden« nicht nur politisch harmlos, sondern erst recht theologisch.

Diese Stufe des Gebets ist charakterisiert durch eine gewisse Blässe des Gedankens, der Empfindung, der Hoffnung und des Glaubens, und fast neige ich dazu, die in Stufe 1 betriebene ältere Form der Magie für frömmer zu halten. Denn theologische Harmlosigkeit ist eine der Hauptformen der Heuchelei, die in den Kirchen gepflegt wird; sie kultiviert ein fröhliches Gottvertrauen, möglichst ohne viel nachzudenken und ganz sicher ohne Erkenntnis der Sünde.

»Für die Hungernden« abstrakt und weltlos beten heißt schweigen darüber, daß wir alle außerordentlich an ihrem Hunger verdienen, heißt verdrängen, daß sich wesentliche Anstrengungen unserer Wirtschaft und Politik darauf richten, diesen Hunger als das große Geschäft des Jahrhunderts zu erhalten! Wenn wir so »für die Hungernden« beten, dann wird unser Interesse, unser Dazwischensein nicht ausgedrückt. Wir kommen in eine Position, wo wir »Gott« Vorschläge machen, wie er unsere guten Ideen an anderen Leuten möglichst reibungslos durchführt. Uns selber formuliert dieses Gebet nicht, und in diesem Sinn verfehlt das schlechte, das abstrakte, das harmlose politische Gebet eine Grundbestimmung allen Betens, nämlich die, daß wir selber vorkommen im Gebet.

Wie könnte aber der genannte Inhalt zu einem christlichen Gebet werden? Eine Voraussetzung des aufgeklärten Gebetes ist, anders als vielleicht früher, die Information. Wir können für einen einzelnen Menschen, auch für uns selber, heute nicht beten, wenn wir uns nicht genau Rechenschaft geben über die psychischen und sozialen Ursachen seiner Probleme und Schwierigkeiten; ein Gebet, das diese grundlegende Informationen nicht einbezieht, verstößt gegen die Aufmerksamkeit der Liebe, und die Informationsmöglichkeit schließt hier wie auch anderwärts die Informationspflicht ein.

In dieser Hinsicht sind wir der Tradition gegenüber in einer objektiv anderen Lage, die es unmöglich macht, die Gebete der vorindustriellen und anders informierten Gesellschaft einfach zu übernehmen. Daß wir sie nicht »einfach« übernehmen können, schließt aber keineswegs aus, daß wir sie »dialektisch« übernehmen: Auf der Basis unserer heutigen Information gesprochen, gehört vor dem Hintergrund unseres eigenen Nachdenkens, gewinnen die alten Texte gerade einen neuen Ernst. Gerade wenn wir durch Information neuen Stand in unserer eigenen Welt gewonnen, ein Stück Selbstformulierung gefunden haben, dann können wir auch der Sprache der Väter erlauben, uns zu helfen. Die Basis der Selbstformulierung aber ist die Information, und wir sollten es uns im öffentlichen, politischen Gebet nicht mehr erlauben, zu beten, ohne informiert zu sein. Anstelle des großen Sammelsuriums von vielerlei Leid und Unrecht, das viele überkommene Fürbittengebete füllt, sollten einige wenige Themen treten. Die Konkretion ist der Feind der magischen Erwartung, weil sich in der politischen und gesellschaftlichen Konkretion der eine Wunsch des Gebets in mehrere, nacheinander vollziehbare Schritte auflöst. Am Beispiel des Gebets für die Hungernden durchdekliniert, hieße das dann möglicherweise so: »Bewahre uns vor politischer Resignation. Laß uns nicht aufhören, politisch und privat die Wahrheit über die Hungernden und von uns Ausgebeuteten zu sagen. Vergib uns nicht, solange wir ihnen nicht vergeben und sie dafür bestrafen, daß sie schwarz oder braun oder gelb sind. Bring uns die Schande zum Bewußtsein, zu den Ausbeutern zu gehören. Gib uns Phantasie für den Kampf gegen das Unrecht in unserem Land. Laß uns mit allen Gruppen zusammenarbeiten, die zugunsten der Hungernden den Rüstungsetat senken wollen.«

Mit solchen Versuchen der politisch-theologischen

Selbstformulierung fangen wir heute erst an. Was diese Art des Betens kennzeichnet, ist nicht die passive Erwartenshaltung, die darauf hofft, daß uns der Friede »verliehen« wird wie gute Ernte oder Gesundheit, sondern eine Art Kooperation mit Gott. Daß der Mensch der Mitarbeiter Gottes sei, der cooperator Dei, hat Luther im Rückgriff auf Paulus noch gewußt; in der protestantischen Tradition ist es mehr und mehr verdrängt worden und hat einem anthropologischen Pessimismus Platz gemacht, der dem Menschen nichts zutraut und ihn daher an vorgegebene Ordnungsmächte, wie die Obrigkeit oder im Neuluthertum die sogenannten Schöpfungsordnungen, ausliefert. Diese Menschenverachtung, die sich mit der theologischen Lehre von der Erbsünde tarnt, hat dem Gebet alle Kraft genommen und es vielfach zur bloßen Ohnmachtsformulierung erniedrigt; es spricht häufig nicht mehr den Entwurf der Menschen, ihre Tendenz, ihren realitätsbezogenen Wunsch aus, sondern nur noch ihre Ergebenheit, ihr Sich-Fügen, ihre Geduld. Die sozialpsychologische Funktion eines solchen Gebets ist dann die Anpassung an die bestehenden Verhältnisse, nicht ihre revolutionäre Transzendenz.

Ein christliches Gebet sollte aber ein Stück Auferstehung realisieren und nicht in einem Zustand vor Ostern verharren. Wir erwarten nicht mehr Wunder von außen im Gebet, weil wir selber in das Wunder der Veränderung einbezogen sind und im Gebet unsere Zukunft vorwegnehmend formulieren. Entprivatisiert und politisch geworden ist das Gebet dann, wenn wir uns ausdrücklich mit den Schmerzen und Hoffnungen der Menschen, mit denen wir leben, identifizieren. Wir sprechen diese Schmerzen und Hoffnungen, diesen Hunger nach dem Reich Gottes aus als das, »was uns unbedingt angeht« (Tillich). Wenn das gelingt, dann ist Gott in dem, was uns unbedingt angeht, gegenwärtig, und zwar unabhängig von der Nennung seines Namens. Daß Menschen ihren Hunger nach dem Reich Gottes aussprechen, das ist Beten.

Nicht Formalien wie die Anreden, die Bitten, die Du-Form, das Amen am Schluß machen ein »nur menschliches« Reden zum Gebet. Das formalistische Mißverständnis des Gebets ist vielleicht ebenso schrecklich wie das magische. »Gottesdienst« nennen die Formalisten nur das, worin die genannten grammatischen Formalien erscheinen; darum sind einige der »Politischen Nachtgebete« in Köln für die Kirchenleitungen mehr Gottesdienst als andere, denen sie den Titel aus formalen Gründen verweigern möchten. Es ist ihnen noch nicht aufgefallen, daß eine Klage, die kein Du mehr anspricht, genauso wie ein Lob, das sich ganz in das Gelobte hineingibt, »Gebet« sein kann. Ob sich das Gebet als Anrede darstellt oder nicht, das ist ihnen zum Entscheidenden geworden, und das, was sie dabei bewahren und vor Auflösung in die Welt schützen wollen, nämlich die Instanz, das Gegenüber, vor dem sich Menschen in dem, was sie unbedingt betrifft, formulieren, das geht gerade dort verloren, wo es in einer grammatischen Kategorie dingfest gemacht werden soll. Ob der Adressat eines Gebetes Gott ist – oder die illusionistische Projektion der eigenen Wünsche –, das entscheidet sich an den Inhalten, nicht an den Formen oder an der überkommenen Sprache. Gott ist dort mißverstanden, wo sein Handeln gegen das der Menschen und seine Erkenntnis gegen das Verständnis der menschlichen Psyche ausgespielt wird. Die Kooperation, die das wirkliche Gebet ausdrückt, braucht sich von solchen scholastischen Unterscheidungen nicht anfechten zu lassen. Die Entgegensetzung von Psychologie und Glauben ist ebenso unfruchtbar wie die von Aktivität Gottes und Aktivität des Menschen. Wenn Gottes Sache im Gebet wirklich unsere Sache wird, so geschieht dies *extra me*, nicht aus meinem guten Willen heraus, sondern in der Gesellschaft und unter den Menschen, mit denen ich lebe.

Das entprivatisierte Gebet ist Gebet erwachsener Menschen; es hat die Erwartenshaltung der Magie, den Traditionalismus und den Formalismus überwunden. Im Gebet übernimmt der Mensch die Verantwortung für das Kommen des Reiches Gottes, und zwar auch in dem Gebet, das individuelle Nöte, Sorgen oder Glück formuliert. Die entscheidende Frage ist dabei, ob dieses Gebet den Menschen auf sein Ich konzentriert oder ob es ihn aufschließt für die Welt. In diesem Sinn läßt sich sagen, daß ein Gebet ohne gesellschaftliche Konsequenzen eine Heuchelei darstellt. Christlich gedacht kann es kein Gebet geben, das außerhalb des »Dein Reich komme . . .« stünde. Gott will auch das Individuum nicht retten oder befreien wie den Robinson auf eine Insel.

Für einen politischen Gottesdienst, wie er in Politischen Nachtgebeten an verschiedenen Orten erprobt wird, bedeutet diese gesellschaftliche Konsequenz des Gebetes zweierlei. Einmal: Die Beter identifizieren sich mit dem Problem und sodann mit der Tendenz der politischen Entscheidung. Sich mit dem Problem, zum Beispiel der Gastarbeiter, des Strafvollzugs, der Lehrlinge und Schüler, der Patienten und Alten in unserer Gesellschaft, um nur einige Themen zu nennen, zu identifizieren, kann nur heißen, daß wir unsere Schuld an den Zuständen übernehmen. Sünde, verstanden als der Mangel an weltverändernder Liebe, wird durch die Information in einem solchen Gottesdienst bewußt gemacht. Beten heißt dann auch: sich als Mitschuldigen identifizieren. In einem Politischen Nachtgebet über Städteplanung und Bodenrecht hieß es in der Meditation: »Aber nicht anders sind wir, deren Wunschtraum das Reihenhaus ist mit dem eigenen Garten . . . die wir große Macht ruhig ertragen, solange wir eine kleine für uns erhoffen . . . Laßt uns doch unsere kleine Hoffnung eintauschen gegen eine gemeinsame große, die unsere Erde bewohnbar macht für uns alle.«

Im Gebet identifizieren sich Menschen aber auch mit der Tendenz einer politischen Entscheidung, die aus dem Evangelium heraus gesucht wird. Das Evangelium gibt für heutige politische Zeitfragen keine direkte Anweisung, was eine Entmündigung der Menschen und somit das Gegenteil von Evangelium wäre. Wohl aber gibt es sehr konkrete Hinweise, in welcher Richtung wir denken sollen und welche Tendenz der Utopie Jesu entspricht. Unwiderruflich bleibt der christliche Ansatz bei den Unterdrückten und Ausgebeuteten, die in verschiedenen Gesellschaften und Zeiten ganz andere Gruppen sein können. In der kapitalistischen Leistungsgesellschaft zählen alle dazu, die weniger oder noch nichts oder nichts mehr leisten. Diese Ausgangsfrage nach den jeweils Beschädigten muß im politischen Gebet festgehalten werden. Was ihnen mehr an Gerechtigkeit und Befreiung verspricht, das kommt der Sache Jesu näher. Diese Sache braucht immer wieder und immer wieder aufs neue Formulierung, und zwar die Formulierung aller, die an dieser Sache beteiligt sind. Darum rücken im Politischen Gottesdienst Diskussion und Gebet, die früher einander ausschließende genera dicendi waren, näher aneinander; auch die Diskussion geschicht coram Christo und gehört in die Sprache des Gebets hinein, weil sie wie diese provoziert, aufdeckt und verspricht. Indem somit Gott Sprache für Menschen wird, ist es für Menschen etwas möglicher, Menschen zu werden.

Vergebung der Sünden

In jedem Gottesdienst sprechen wir davon, daß wir an die Vergebung der Sünden glauben. Aber wie sieht das in der Wirklichkeit aus? Wo findet das statt? Und unter welchen Beteiligten?

Lassen Sie mich mit zwei Beispielen beginnen und Ihnen von zwei Menschen erzählen, die ich kenne. Das erste ist eine Frau aus der DDR, die lange Zeit in sehr gedrückten Verhältnissen lebte. Ihr Mann wandte sich bald nach dem ersten verlorenen Krieg den Nazis zu, und sie ließ sich zunächst zögernd, infolge des wirtschaftlichen Aufschwungs aber mehr und mehr, von ihm überzeugen und war, als ihr Mann es schließlich mit Hilfe des

Parteibuchs zum Bürgermeister einer kleinen Stadt in Thüringen gebracht hatte, eine gute Nationalsozialistin, wie sie es nannte.

Diese Frau hat die letzten 15 Jahre ihres Lebens in Westdeutschland verbracht und, soweit man das von einem Menschen sagen kann, umdenken gelernt in einem Prozeß, der für sie schmerzhaft und beschämend war, bei dem ihr Bildung, Reisen oder andere Ablenkungen wenig helfen konnten, da sie ein Rentnerdasein führte. Sie trat wieder in die Kirche ein, sie revidierte viele politische Vorurteile anderen Rassen gegenüber, und die Menschen, die sie kannten, hatten den Eindruck, die Sache sei verwunden, wenn auch nicht vollständig. Auf ihrem Sterbebett in den Phantasien der letzten Tage kam allerdings einiges, was sie sehr verschlossen in sich trug, zum Vorschein: Sie erlebte den Einmarsch der Roten Armee und die Angst, in ein Lager zu kommen, noch einmal. Dabei wiederholte sie immer wieder den Satz: »Ich hab' es doch nicht gewußt, ich hab' es doch nicht gewußt, das mit den Juden.«

Und Gott? werden Sie sagen. Der Prozeß war nicht oberflächlich, und die Menschen, mit denen sie lebte, zeigten ihr Bilder von Bergen-Belsen und erklärten ihr die Zusammenhänge von Autobahn und Aufrüstung. Gerade darum kann man vielleicht sagen, daß ihr nichts geschenkt worden ist, und wenn ihr vergeben worden ist – aber es sah eigentlich nicht so aus –, dann hat sie jedenfalls nicht viel davon gehabt.

Der andere Fall ist ein Universitätsprofessor, der ebenfalls überzeugter Nazi war und von dem ich auch sagen würde, daß er bereut hat, seine Gedanken, seine Worte und Lehren. Seine Versuche, nach dem Zusammenbruch neu anzufangen, sind gescheitert; was den meisten glückte, die lästige Vergangenheit auszulöschen, hat er, weniger clever als die Kollegen, nicht geschafft. Wo sein Name auftauchte, da dachte man an seine früheren Äußerungen, und auch in ganz apolitischen fachlichen Aufsätzen witterte man den Nazigeist. Der Bruch, den dieser Mann erlebt hat, hat ihn zwar weit sensibler gemacht als die andern, die glatter durchkamen, und ich würde ihn heute für weniger faschistisch halten als viele seiner der christlichen Partei nahestehenden Kollegen, aber die Gesellschaft, in der er lebt, hat ihn zu einem Outcast gemacht, weil sie kaum Rehabilitierung kennt und gewiß keine Vergebung der Sünden.

In den sozialistischen Ländern gibt es in den Kollektiven, also unter den Menschen, die miteinander arbeiten, Anklage und Verteidigung, Selbstkritik und Parteiausschluß, Sühne, Strafe und Wiederaufnahme in die Gruppe. Die Gesellschaft hat sich dort, ähnlich wie in den alten Klöstern, Instrumente geschaffen, die dazu dienen, den Verirrten und Schuldigen einen neuen Anfang zu ermöglichen. Ich weiß, daß diese Instrumente fast nur mißbraucht werden und daß es uns darum schwerfällt, in ihnen die alten Strukturen von Bekenntnis der Sünde, Reue, Lossprechung und Buße wiederzuerkennen, aber in einer Gesellschaft, die für ihre Schuldigen außerhalb der Rechtswege nur das erstickende Schweigen kennt, scheinen mir diese Ansätze der Sozialisten sehr nachdenkenswert. In unserer Gesellschaft bleibt die Schuld unaufgearbeitet, und das heißt, daß Vergebung unmöglich gemacht wird. Aber Gott? werden Sie sagen. Kann er nicht der einfachen Frau und auch dem Professor vergeben, was sie gedacht und gesagt und unterstützt haben? Offen gesagt kann ich mir nicht vorstellen, wie Gott hinter dem Rücken von Menschen vergeben soll. Sie kennen alle den Vers aus der Bergpredigt, wo dem, der sich die Vergebung erschwindeln wollte, indem er in den Tempel geht und seine Opfergabe zum Altar bringt, sich also direkt an Gott wendet, gesagt wird: Laß deine Gabe vor dem Altar, und geh zuerst hin und versöhne dich mit deinem Bruder, und dann komm und bring deine Gabe her (Matthäus 5,24). Was soll Gott da machen? Wenn hier in diesem Raum ein Mann oder eine Frau ist, deren Angehörige von den Nazis, also vielleicht von meinen Angehörigen, ermordet worden sind, kann ich mich dann an Gott wenden, daß er das in Ordnung bringt? Kann er da von oben eingreifen und Frieden stiften, wo keiner sein kann, weil Blut und Tränen und zerstörtes Leben dazwischen sind?

Ich glaube, die Frage nach der Vergebung ist für uns heute so schwierig geworden, weil wir Sünde nicht nur privat, als etwas zwischen vielleicht zwei einzelnen oder innerhalb einer Familie verstehen. Sünde ist für uns ganz wesentlich ein politischer, ein gesellschaftlicher Begriff, es sind die Sünden meines Volkes, meiner, der weißen Rasse, meiner, der bürgerlich-besitzenden Klasse, an die mich Jesus Christus erinnert und die ich mir von ihm sagen lasse. Ich lebe in einem Land, wo es bestimmte Medikamente und Heilungsmethoden nur für die Angehörigen bestimmter Klassen gibt. Wenn ich eine Zigarette rauche, habe ich schon wieder die Bundeswehr unterstützt. Wenn ich eine Banane esse, helfe ich der United Fruit Company, die lateinamerikanischen Arbeitssklaven auszubeuten. Neben mir stehen Menschen unter dem Leistungsdruck unserer Gesellschaft oder werden magenkrank oder gleich neurotisch, weil sie es nicht mehr aushalten – und ich stehe dabei und mache weiter mit. Kinder führen in Westdeutschland die Liste der Verkehrstoten an, aber es gibt keine öffentlichen billigen Verkehrsmittel, und die Autoproduktion steigt und steigt. Bin ich daran schuld? werden Sie fragen. Was habe ich denn damit zu tun? werden Sie sagen. Habe ich denn das gewollt? Aber Christus läßt uns nicht so einfach herausschlupfen. Sünde, das hat er uns beigebracht, auch wenn wir es gern vergessen, das ist der Zustand unserer Welt, der uns anklagt, es sind schon *unsere* Toten in den Slums von Brasilien, weil wir an ihnen verdient haben und es uns auf ihre Kosten so gut geht. Das sind nicht Naturkatastrophen oder rätselhafte Wirtschaftsgesetze, sondern das ist genau das, was die christliche Tradition meint mit dem Wort Erbsünde. Das heißt, wir stehen in einem Zusammenhang von Unfähigkeit und Schwäche, von Hoffnungslosigkeit und Bosheit, den wir nicht selbst gemacht haben, aber mittragen und miterhalten. Wir sind Kollaborateure der Sünde. Wenn wir also fragen: Was kann ich dafür? Was geht es mich an?, dann gibt es für einen Christen, wie theistisch oder atheistisch er auch sei, nur eine einzige Antwort, die heißt: Ja, ich bin das, das ist meine Sache, unsere Sache. Das ist unsere Welt, an der wir mitbauen.

Aber Gott? werden Sie sagen. Können wir ihn nicht um Vergebung bitten? Ist er nicht größer als unser Herz, das uns verklagt? Verzeiht er nicht, und richtet er uns nicht auf? Ich habe in einigen Gesprächen mit Juden etwas gelernt, was ich den jüdischen Ekel an der christlichen Vergebung nennen möchte. Eine sehr präzise Empfindung dafür, wie rasch das bei Christen geht, wie schnell sie ihren Gott aus der Tasche ziehen – und alles ist wieder gut, wie verbal das bleibt gerade bei Protestanten, wenn sie Reue sagen oder »verzeih mir«, wie verlogen. Die Juden haben demgegenüber eine Art Stolz. Sie winseln nicht – und ihr wichtigstes Wort für unsere Sache ist nicht Vergebung, sondern Umkehr.

Vielleicht ist es eine Ketzerei, aber ich kann mir einfach unter Vergebung nichts vorstellen, wenn sie ohne die Menschen, die ich beleidigt habe, geschieht. Gott vergibt nicht hinter dem Rücken von Menschen. Vergaste können nicht vergeben. Verhungerte können nicht mehr vergeben. Menschen, die – mit meiner Hilfe – um ihr Leben betrogen worden sind, bitter Gewordene, Neurotiker, Zerstörte, sie können nicht vergeben. Und ein Gott, der das dann für sie mit mir abmacht, für den möchte ich mich eigentlich bedanken. Der verachtet ja die, die schon genug verachtet worden sind, noch einmal, indem er ihnen auch noch das Recht, selber zu vergeben, wegnimmt.

Ich glaube also nicht an die Art von Vergebung, die von oben kommt, ich möchte hier unten gern vergeben bekommen, und wenn das nicht geht, dann soll dieser Gott seine Vergebung für sich behalten. Aber der Gott, den die Bibel meint, ist auch nicht »der-Gott-da-oben«, der alles, was wir versiebt haben, in Ordnung bringt. Was er uns anbietet, ist nicht diese billige Tour, uns mit ihm zu arrangieren. Ein jüdischer Lehrer hat einmal gesagt: »Die große Schuld des Menschen sind nicht die Sünden, die er begeht – die Versuchung ist mächtig und seine Kraft gering! –, die große Schuld des Menschen ist, daß er in jedem Augenblick die Umkehr tun kann und nicht tut« (Rabbi Bunam, in: M. Buber, Die Erzählungen der Chassidim. Zürich 1949, 755). Umkehr ist vielleicht ein klareres Wort für Vergebung. Daß mein Leben trotz der Sünde, in der ich bin, Sinn hat, das kann sich nur in Umkehr erweisen. Tatsächlich ist es so, daß wir, um Vergebung der Sünden zu erfahren, eine Gruppe von Menschen brauchen, die uns den Wiederanfang ermöglicht, oder zumindest Partner, Mann oder Frau oder Freunde, die uns annehmen, wie wir sind, die uns unsere Reue glauben und die uns Umkehr zutrauen. In der alten Kirche war dieser soziale Ort der Vergebung die christliche Gemeinde, die den einzelnen kritisierte und freisprach. Die beiden Menschen, von denen ich zu Anfang erzählte, waren ziemlich allein. Gerade aber das bedeutet, daß sie keine Chance der Umkehr hatten und deswegen der Vergebung, die ihnen zum Beispiel ein Pfarrer zusprechen konnte, nicht gewiß wurden. Ihr Bewußtsein von Sünde war ernsthafter, als daß es in unseren unverbindlichen Formen kirchlichen Lebens hätte aufgearbeitet werden können. Umkehr ist mehr als Vergebung, weil sie die Zukunft einbezieht. Umkehr ist, glaube ich, das einzige, was auch den Toten noch imponiert. Sie sind dann wenigstens nicht umsonst gestorben. Sie haben etwas davon, wenn das, woran sie krepierten, nicht wieder vorkommt. Umkehr ist ein neues Herz bekommen und noch einmal probieren dürfen. Das kann ich mir nicht allein besorgen oder machen, dazu brauche ich andere Menschen – und wenn es einen Sinn hat, von Gott zu sprechen, dann niemals außerhalb unserer Welt, dann niemals hinter dem Rücken anderer Menschen. Gott will nicht, daß wir die Welt verlassen und einfach zu ihm laufen wie ein Kind zu seinem Vater. Er will den großen Umweg von uns und die Umkehr, die wir »in jedem Augenblick tun können«, wenn wir sie miteinander tun. Wie der Prophet sagt: »Und ich werde euch ein neues Herz geben und einen neuen Geist in euer Inneres geben, euer steinernes Herz wegnehmen und euch ein Herz von Fleisch geben« (Hesekiel 36,26). Amen.

Wer bin ich?

Texte und Meditationen zur Frage der Identität

Wer bin ich? Die Tiere stellen diese Frage nicht; ihr Dasein ist, wie wir sagen, instinktgesichert. Menschen aber, viele von ihnen, stellen solche Fragen wie: Wer bin ich wirklich? Wie lebe ich so, daß *ich* es bin, der dieses mein Leben lebt? Wie höre ich auf, nur gelebt zu werden, von Zwängen, von Routine? Wie kann ich mit mir eins sein, identisch werden? Wer bin ich?

Ich habe einige Texte ausgewählt, die auf diese Frage sehr verschiedene Antworten geben; ich möchte damit zur Nachdenklichkeit, zum Meditieren anregen. Vielleicht ist unter diesen Texten der eine oder andere, mit dem sich jemand identifizieren und sagen kann: Ja, so habe ich auch schon mal gedacht, so ist es mit mir auch gewesen, so möchte ich sein, so möchte ich werden.

Nähe, Identifikation kann uns helfen, uns selber besser kennenzulernen. Ich beginne mit einem jiddischen Volkslied, das ein kleines Mädchen singt, und wenn ich mir etwas wünschen dürfte, dann wäre es, daß alle einstimmen könnten und wüßten, wovon die Rede ist, wenn das kleine Mädchen singt:

»Sheyn bin ich, sheyn,
sheyn iz mayn Nomen . . .«
»Schön bin ich, schön,
schön ist mein Name.«

Was für ein Glück, wenn ein Mensch sagen kann: »Schön ist mein Name.« Kinderglück, Kindheitsglück, das in der Liebe wiederauftaucht. Zu meiner kleinsten Tochter sage ich manchmal: »Du bist mein Schönchen«, manchmal sage ich sogar: »Du bist mein Siebenschönchen.« Aber vernehmen wir erst noch, was das jüdische Kind aus einem Shtetl in Osteuropa singt:

»Ein schönes Mädchen bin ich,
rote Söckchen trag' ich,
Geld in den Taschen,
Wein in den Flaschen,
Milch in den Krügen,
Kinder in den Wiegen
schreien alle: schön,
schön bin ich, schön.«

Was bedeutet es für ein Kind, in einer Welt aufzuwachsen, in der ein solches Lied gesungen wird? Was bedeutet es, so ein Lied zu lernen und zu singen? Wer ich bin, das entscheide ja nicht ich allein, sondern meine Umwelt hat mich immer schon interpretiert. Als lang ersehnt oder als unerwünscht, als schutzwürdig oder als etwas, was weit hinter dem Auto rangiert. Ich meine mit der Deutung, die mir vorgegeben ist, nicht nur meine Eltern und nächsten Bezugspersonen, sondern die Gesellschaft, in der ich aufwachse. Ihre Einrichtungen und Gewohnheiten richten eine Botschaft, eine Lebensdeutung an jedes Kind. Sie können sagen: Du bist wichtig. Du bist etwas ganz Besonderes. Aber sie können auch sagen: Du bist überflüssig. Für dich ist kein Platz da. Der Parkplatz ist wichtiger als dein Spielplatz. Der Bürgersteig ist nicht für Hüpfekästchen spielen. Die Rüstungsindustrie ist viel wichtiger als deine Schule. Für viele Kinder ist es so, daß lange, bevor sie geboren wurden, schon entschieden war, daß sie keinen Platz brauchen, nichts zu melden haben und möglichst still und unauffällig sein sollen.

In unserem Lied ist das ganz anders. Das Kind gehört in die Welt einer behaglich funktionierenden Ökonomie. Geld in den Taschen, Wein in den Flaschen. Das Leben ist wert, gelebt zu werden, das Glück ist möglich, das Ich schön. Gott hat am siebten Tag der Schöpfung gesagt, daß alles sehr gut sei. Das Lied stimmt damit überein, es drückt aus, was eine glückliche Kindheit einem Menschen mitgibt: Vertrauen in die Verläßlichkeit der Welt. Auch morgen wird, wie gestern, Wein in den Flaschen und Milch in den Krügelchen sein. Alles ruft mir zu: Sheyn bin ich, sheyn. Nicht immer wird das für mich wahr sein, aber daß es zu einer Zeit wahr war, ist unverlierbar. Es ist einmal ein großes Ja zu mir gesagt worden. Diese Fremdinterpretation formt und bestimmt mit über meine Selbstinterpretation.

Ein Beispiel für eine gute Deutung meines Lebens von außen ist die christliche Taufe von Kindern. Was da eigentlich geschieht, ist, daß dem kleinen Kind gesagt wird: Du bist schön. Du bist gewollt, auf dich haben wir gewartet, du bist geachtet, mit Würde begabt, wert, gehütet und beschützt zu werden. Du, was immer komme, bist in das Buch des Lebens eingeschrieben. Aber im Kontrast dazu sind lebensbestimmend gerade die vielen anderen Deutungen, die der guten Botschaft widersprechen.

Die Fremdinterpretation, die ein Heranwachsender erfährt, kann ganz anders aussehen und die mögliche Identität zerstören. Ein junger Lehrer in New York hat seine Schüler, Schwarze und Puertoricaner, aufgefordert, aufzuschreiben, was sie wollen, ohne auf Rechtschreibung und Schönschrift zu achten, zu sagen, was sie empfinden. Ein siebzehnjähriger Schüler aus Harlem schreibt:

»Clorox – Frank Cleveland
Ich habe keine Männlichkeit mehr –
was bin ich?
Ihr habt mir meine Frau vor die Nase gesetzt –
was bin ich?
Ihr habt mich so erzogen,
daß ich meine Brüder und Schwestern hasse
und ihnen mißtraue –
was bin ich?
Ihr sprecht meinen Namen falsch aus
und sagt, ich habe keine Sclbstachtung –
was bin ich?
Ihr setzt mir ein verrottetes Schulsystem vor
und erwartet von mir,
daß ich mit euch konkurriere –
was bin ich?
Ihr sagt, ich habe keine Würde,
und dann nehmt ihr mir meine Kultur weg –
was bin ich?
Ihr nennt mich Boy,
einen dreckigen, runtergekommenen Strichjungen –
was bin ich?

Jetzt bin ich ein Opfer des Wohlfahrtsstaates –
was bin ich?
Ihr sagt mir, ich soll warten, bis sich was ändert,
aber 400 Jahre
sind vergangen und nichts hat sich geändert –
was bin ich?
Ich bin die Summe eurer Sünden.
Ich bin die Leiche in eurem Keller.
Ich bin die unwillkommenen Schwiegersöhne
und Schwiegertöchter und die unerwünschten
Kinder.
Ich bin vielleicht eure Vernichtung, aber
vor allem bin ich, wie ihr so unverhohlen sagt,
euer Nigger!«

Frank Cleveland, der sich selber den Namen Clorox zugelegt hat, stellt in einem negativen Spiegelbild alles dar, was Identität ausmacht. Vertrauen, Selbstachtung, Menschenwürde, Beziehungsfähigkeit – er weiß sehr genau, daß das zum menschlichen Leben notwendig ist, aber er hat nichts davon übrigbehalten. »Was bin ich?« fragt er immer wieder, nicht einmal: »Wer bin ich?« Die ihm vorgegebene fremde Deutung seines Lebens hat ihn überwältigt und zerstört. Noch wehrt er sich, schlägt um sich, schreit, aber wie lange kann das so gehen? Es scheint fast, als sei er durch die Menschenverachtung und den Haß, den er erfahren hat, determiniert, selber auch zu verachten und zu hassen. Die stärksten schwarzen Befreiungsgruppen in den USA haben immer an die Selbstachtung, den Stolz, die Würde schwarzer Menschen angeknüpft. »Black is beautiful«, hieß ein wichtiger Kampfruf der schwarzen Bürgerrechtsbewegung, ganz ähnlich wie das »sheyn is mayn Nomen« im jiddischen Lied. Aber wer hat das jemals zu Clorox gesagt? Die Mechanismen von Gewalt, brutaler Gesellschaftsstruktur und selbstzerstörerischer Gegengewalt des einzelnen funktionieren perfekt: Aus Gewalt folgt Haß, aus Haß, der keine Ziele der Veränderung mehr sieht, der nicht kreativ ist, folgt Selbstzerstörung, wie wir sie aus Statistiken über das Schicksal schwarzer Jugendlicher in den Ghettos kennen. Kriminalität, Depressivität und Drogenabhängigkeit sind die Formen, die die Selbstzerstörung dann annimmt. Gehört Clorox zu denen, die im Gefängnis landen und alsdann kriminell gemacht wieder herauskommen? Gibt es keinen Ausweg? Ist es so: Ein Jude wird immer ans Geld denken, weil der normale Antisemitismus seiner Umwelt ihn auf das Klischee fixiert hat? Ist es so: Ein Neger wird würdelos sein, weil sein Stolz in einer rassistischen Gesellschaft immer wieder gebrochen worden ist? Ist es so: Frauen, die unter betont femininen Leitbildern aufwachsen, müssen die süße Dummheit des Mädchens, das nie Mathematik verstand, lebenslang reproduzieren?

Wer bin ich? Und wer entscheidet das, die anderen oder ich? Objektivierend gesprochen kann man sagen, daß sich die Identitätsbildung in der Auseinandersetzung zwischen Fremd- und Eigeninterpretation vollzieht. Aber das hilft auch nicht viel weiter. Wenn mir etwas Mut macht und eine Art von Hoffnung für Clorox zuläßt, dann ist dies die Stärke seines Schreis. Die Verwundung, aus der er spricht: »Ich bin die Leiche in eurem Keller.« Aber der das sagt, wird ausbrechen.

Nach einem langen Gespräch über die geistige Situation an der Universität hat ein Student den folgenden Brief geschrieben:

»Die Theologie, die ich hier erlebe, verhilft mir nicht zur Klarheit über meinen Glauben. Ich bin nicht evangelikal gewesen, aber ich komme aus einem naiven, freundlichen Glauben. Er hat mich auch dazu gebracht, bei bestimmten politischen Aktionen dabeizusein. Aber was erlebe ich hier?

Hier wird über Glaube, Gebet, Gott in so gewundener Weise gesprochen, daß für mich nichts mehr übrigbleibt. Ich kann Taizé verstehen, und ich kann Paul Schulz verstehen. Das sind klare Positionen. Damit kann ich mich identifizieren, oder da kann ich ablehnen. Ich möchte von Gott reden und nicht vom ›Grund allen Seins‹. Hier lerne ich so zu differenzieren, daß ich indifferent werde. Wenn ich das sage, werde ich von den Theologen verlacht. Höchstens gestehen sie mir noch zu, daß ich in einer ›Durchgangsphase‹ bin; daß ich mir ›Zeit lassen soll mit meinen kindlichen Bildern‹. Aggression oder Geduld mit einem, der noch nicht ganz soweit ist – das wird mir entgegengebracht. Ich dachte, Wissenschaft bestände auch darin, daß man die Fragen, die Anfragen der anderen erlauben soll. Aber die Atheisten und die Gewundenen verlangen, daß ich ihre Anfragen verstehe; aber sie nehmen meine Position nicht als Anfrage an sie. Sie erklären mich für krank oder zurückgeblieben. Sie deuten mich dauernd: ›Das hat mit deiner Sozialisation zu tun.‹ Sie ›verstehen‹ mich so gut, wissen immer schon, wo ich bin und wo ich einmal hinkommen werde. Ich habe meine Ruhe verloren – nicht, weil mehr von mir verlangt wird, sondern weil weniger an Frömmigkeit, Christentum und Theologie erwartet wird. Ich möchte eigentlich in Taizé oder auf Athos leben. Da gibt es die klare und unverdorbene Luft der Spiritualität. Da gibt es Reinheit und Kompromißlosigkeit. Da wird Beten und Meditieren, Leben und Konzentration nicht durch Denken und durch künstliche, akrobatische Interpretation ersetzt. Ich bin ja nicht gegen das Denken, und im Seminar über philosophische Grundbegriffe lerne ich am meisten. Aber ich bin gegen die Ersetzung von Frömmigkeit durch Interpretationen. Ich bin gegen die Aufräumer und die Weginterpretierer. Ich fühle mich beraubt, ich fühle mich gelähmt durch die Interpretationen, die mir meinen Glauben verdünnen wollen. Das lähmt merkwürdigerweise auch politisch. Früher gehörte ich zum linken Flügel der Jusos. Ich war bei Amnesty, wir haben eine Menge Aktionen für die Dritte Welt gemacht. Ja, sicher, ich hatte nie eine richtige Heimat in der SPD. Aber ich glaube, durch die Verunsicherung in meiner Frömmigkeit bin ich auch politisch verunsichert. Ich glaube, die Gewundenen bringen mir das Sich-Winden so als Haltung bei, die mich grundsätzlich prägt. Jetzt fange ich auch an, politisch zu ›differenzieren‹, nicht in dem Sinn, daß ich rechter würde, aber so, daß mein Engagement und meine Interessen immer blasser werden. Ich werde immer gelähmter. Was kann man denn schon tun? In H. hatten wir einen Dritte-Welt-Laden. Der Einzelhandel hat den finanziert. Der Oberbürgermeister hat uns bei einer Aktion auf die Schulter geklopft. Die Presse hat ›wohlwollend‹ über eine Aktion von ›idealistischen jungen Leuten‹ berichtet. Aber was kam denn dabei heraus? Ich möchte aufs Ganze gehen! Wo kann ich das denn? In der SPD? Bei einer anderen Gruppe? Ich glaube eigentlich nicht, daß man hier was machen kann. Ja, ›kleine Schritte‹, sagen sie immer, oder ›Marsch durch die Institutionen‹. Aber wie lange dauert der Marsch denn schon? Und was ist erreicht, seit sie ihn angetreten haben? Man müßte eigentlich in Nicaragua sein. Jeden Morgen lese ich in der Zeitung als erstes die Berichte über Nicaragua. Da lohnt es sich doch zu kämpfen. Da weiß man doch, was man zu tun hat. Da braucht man seine Reinheit nicht zu verkaufen.«

Es ist die Aussage eines Theologiestudenten, der in eine Krise geraten ist; ich vermute, daß er sehr viel von der heutigen Situation vieler Studenten erfaßt. Es ist eine komplexe, verwirrende und zweideutige Lage. Da sind Leute, die so differenziert sind, daß sie indifferent werden, oder die so gut interpretieren, daß sie alles weginterpretieren. »Ich möchte aufs Ganze gehen«, sagt der junge Mann, der wie so viele in seinem Fachbereich keine Orientierung findet, keine Hilfe. Er sucht etwas,

was er mit verschiedenen Ausdrücken benennt: den Glauben, klare Positionen, Reinheit, Luft der Spiritualität. Und er erfährt: »Die Gewundenen bringen mir das Sich-Winden bei.« Dagegen lehnt er sich auf.

Es ist ein Zeugnis der Auflehnung, und es gehört Mut dazu, so etwas öffentlich zu sagen. Mut gehört auch dazu, das authentische Leben in einer abgeleiteten Welt zu suchen. Ich sehe diesen Studenten jetzt vor mir: Er liest nur Sekundärliteratur, niemals Texte. Man stopft ihn voll mit Wissen über: . . . die Quellen der Evangelien . . . die sozialen Ursachen der Reformation . . . einige alte Sprachen. Aber er macht keine primären Erfahrungen im geistigen Bereich. Er hungert nach Schwarzbrot, aber er bekommt ein Sandwich ohne Rinde und dazu eine Vitamintablette. Er hört zum Beispiel eine psychoanalytische Erklärung des Lebens von Sören Kierkegaard, aber er wird nicht in die Lage versetzt, die Erfahrungen Kierkegaards auch nur für kurze Zeit wirklich zu teilen.

Ich wähle dieses Beispiel, weil ich mich an mein eigenes Studium erinnert fühle. Im zweiten Semester las ich, ich glaube zufällig, »Die Krankheit zum Tode« von Kierkegaard. Es warf mich um, ich meine, es stellte mein bisheriges Leben, meine Interessen, meine Ziele radikal in Frage. Es bedrohte mich und es bezwang mich. Ich versank in Kierkegaard und vergaß alles andere. Ich vermute heute, daß ich damals in Sören verliebt war; aber ist das nicht die einzige Weise, etwas Wirkliches, etwas Lebendiges, etwas Existentielles zu lernen? Jedenfalls hatte ich Tagträume, in denen ich Regine war und mich irgendwie anders verhielt.

Zurück zu dem Studenten von heute, dem ich vielleicht nichts so sehr wünsche wie eine existentielle geistige Erfahrung. Er lebt im Reden-über, im Wissen-von. Er kann eine Reihe von Theorien aufzählen, aber sie beziehen sich auf nichts, was sein Leben ausmacht.

Er hat sich mehr vom Studium erwartet. Vielleicht hat er sich Lehrer gewünscht und fand Unterrichtstechnologen. Vielleicht hat er sich Gemeinschaft erhofft – und die kann, zumal in diesem Alter, nur an gemeinsamen Zielen erwachsen –, und er fand kleine Gruppen mit hoher Fluktuation und einem Kreisen um sich selber. Er suchte Spiritualität und Reinheit in einer Welt der neutralistischen Gleichgültigkeit. Er suchte Geist und fand die herrschende Geistlosigkeit. Spiritualität ist ein Wort, für das es kein deutsches Äquivalent gibt: Frömmigkeit ist zu gefühlshaft und sentimental, Geistigkeit zu elitistisch und intellektuell. Wir haben aber im Deutschen ein anderes Wort, das der Sache sehr nahe kommt: Begeisterung. Ohne sie bleibt das Lernen auf einer dürren und anpasserischen Ebene, die mir charakteristisch zu sein scheint. Der Hunger des jungen Mannes ist spirituell. Wer bin ich denn, hier, in der Universität genannten Fabrik? Wie kann ich mich hier finden, wo so etwas wie Selbstfindung nicht einmal gefragt ist? Wie kann ich hier Glauben lernen, wenn Sich-Winden die wichtigste Technik ist?

Zum Glauben gehört eine gewisse Eindeutigkeit, eine Art Gradlinigkeit und Einfalt, die in komplexen Lebenszusammenhängen etwas naiv erscheint. Wir leben weder auf dem Athos, dem Berg der Gottversunkenheit, noch in Nicaragua, dem Land einer gerechten Revolution. Aber beide Orte bezeichnen etwas von der Spiritualität, die Menschen brauchen, um sich selber zu finden, in beiden Orten drückt sich etwas von der Reinheit aus, die dieser junge Mensch sucht – aber ist es nur er? »Die Reinheit des Herzens«, sagt Sören Kierkegaard, »ist, eines zu wollen, nämlich das Gute.« Der spirituelle Hunger des jungen Mannes ist seine verzweifelte Suche nach Reinheit.

Von Dietrich Bonhoeffer gibt es einen Text, mit dem

ich mich schon in meinem Buch »Die Hinreise« beschäftigt habe[1]. Er lautet:

»Wer bin ich? Sie sagen mir oft,
ich träte aus meiner Zelle
gelassen und heiter und fest
wie ein Gutsherr aus seinem Schloß.

Wer bin ich? Sie sagen mir oft,
ich spräche mit meinen Bewachern
frei und freundlich und klar,
als hätte ich zu gebieten.

Wer bin ich? Sie sagen mir auch,
ich trüge die Tage des Unglücks
gleichmütig, lächelnd und stolz,
wie einer, der Siegen gewohnt ist.

Bin ich das wirklich, was andere von mir sagen?
Oder bin ich nur das, was ich selbst von mir weiß?
Unruhig, sehnsüchtig, krank, wie ein Vogel im Käfig,
ringend nach Lebensatem,
als würgte mir einer die Kehle,
hungernd nach Farben, nach Blumen,
nach Vogelstimmen,
dürstend nach guten Worten,
nach menschlicher Nähe,
zitternd vor Zorn
über Willkür und kleinlichste Kränkung,
umgetrieben vom Warten auf große Dinge,
ohnmächtig bangend um Freunde in endloser Ferne,
müde und leer zum Beten, zum Denken,
zum Schaffen,
matt und bereit, von allem Abschied zu nehmen?

1 D. Sölle, Die Hinreise – Zur religiösen Erfahrung. Texte und Überlegungen, Kreuz Verlag, Stuttgart 1975. Vgl. besonders S. 143 ff.

Wer bin ich? Der oder jener?
Bin ich denn heute dieser und morgen ein anderer?
Bin ich beides zugleich? Vor Menschen ein Heuchler
und vor mir selbst
ein verächtlich wehleidiger Schwächling?
Oder gleicht, was in mir noch ist,
dem geschlagenen Heer,
das in Unordnung weicht
vor schon gewonnenem Sieg?

Wer bin ich? Einsames Fragen treibt mit mir Spott.
Wer ich auch bin, Du kennst mich,
Dein bin ich, o Gott!«

Dietrich Bonhoeffer war 38 Jahre alt und seit Monaten in Gestapohaft, als er dies im Juli 1944 schrieb[2]. Er muß, nach allem, was wir wissen, ein Mensch von großer Klarheit, Entschiedenheit und Bewußtheit gewesen sein, ein sehr männlicher Charakter im besten Sinn dieses Wortes.

Die Bilder im ersten Teil des Gedichts sprechen eine deutliche Sprache, es ist der Gutsherr, der Gebieter, der zu entscheiden hat, und der Sieger. Das alles in der Situation der äußersten Entwürdigung und Demütigung, wie die Gestapohaft sie mitbringt. Strenge, Konzentration, Bewußtheit bestimmen auch die Sprache des Gedichts in diesem ersten Teil, in dem Bonhoeffer davon spricht, wie andere ihn sehen. Die Sätze sind parallel gebaut, in jeder Strophe ist eine, die dritte Zeile, von je drei Adjektiven gefüllt – sprachliche Hinweise auf das inhaltliche Bild, das sich andere von dem Autor machen. Die Fremdinterpretation weist auf Stärke, Beherrschung, Überlegenheit hin. Aber die soziale Identität ist nicht alles, was zu der Frage »Wer bin ich?« zu sagen ist.

2 D. Bonhoeffer, Widerstand und Ergebung, Neuausgabe, Chr. Kaiser Verlag, München 1970, S. 381 f.

Es gibt eine Spannung zwischen fremder und eigener Interpretation des Ich, zwischen sozialer und individueller Identität. »Bin ich das wirklich, was andere von mir sagen? Oder bin ich nur das, was ich selbst von mir weiß?« Was das Ich von sich selber weiß, ist, daß es zitternd, ohnmächtig, leer und müde ist. Auch dies wird realistisch und objektivierend ausgesprochen, in einer verhaltenen Sprache, die ganz klassisch ist, ohne sinnliche und expressive Elemente. Der Umgang mit sich selber ist ohne jede Sentimentalität, ohne Selbstbemitleidung; in Kühle und Härte, in Distanz zu sich selber wird eine Selbstbeurteilung gegeben. Das geschlagene Heer, das in Unordnung weicht vor »schon gewonnenem Sieg«, scheint auf den Tod hinzudeuten.

Es sind hier zwei einander vollständig widersprechende Erfahrungen eines Menschen mit sich selber gegeben, aber die Ich-Stärke dieser Identität ist ungebrochen. Sich in Kontrolle haben, seine Erfahrungen organisieren können, sie sprachlich mitteilen, auf einen Mittelpunkt bezogen sein, all diese Leistungen des Ich sind gegenwärtig, und doch fehlt das Ganzsein. Das Verhältnis zwischen dem Fremdbild und dem Eigenbild ist sehr balanciert: Die Zweifel und Ängste der eigenen Erfahrung werden nicht ernster und wichtiger genommen als die Deutung, die von außen kommt. Ein junger Mensch denkt oft, daß ihn ja doch keiner verstehe, daß er selber ganz anders ist als das, was von ihm erscheint. Der erwachsene Bonhoeffer sagt umgekehrt: Ich scheine mehr, als ich bin. Ich scheine stärker, unangreifbarer und gelassener, als ich wirklich bin. Das heißt aber nicht, daß die positive Rolle, die andere von mir erfahren, nur Schein ist. Ich will diese Schwierigkeiten zweier sich ausschließenden Aussagen zur Frage »Wer bin ich?« noch einmal deutlich machen an einer Alltagserfahrung, die viele kennen werden. Als Mutter ist man von der Rolle her dazu gezwungen, mehr Stärke zu spielen, als man hat. Mutter schafft bekanntlich immer alles, dabei kann man sich aber innerlich äußerst elend und erschöpft vorkommen. Dieser Zwiespalt: stark sein müssen und doch schwach sein, Mut zeigen und doch Angst haben, Geborgenheit geben, die man eigentlich gar nicht hat, kann bedrohlich werden. Von diesem Gedicht Bonhoeffers habe ich gelernt, beides auszuhalten. Keine der beiden Erfahrungen zu verdrängen oder zu überspielen. Die Rolle, in der ich mich finde, ist nicht bloß Äußerliches, sie ist auch ein Teil meiner selbst. Und doch komme ich mir vor wie ein Heuchler, wie Bonhoeffer sagt, wenn ich sie einfach gelassen spiele. »Vor Menschen ein Heuchler und vor mir selbst ein verächtlich wehleidiger Schwächling«, so sieht die Selbstanklage aus.

Wer bin ich? Bonhoeffer macht es sich – und uns – nicht leicht. Er weicht nicht aus auf eines der beiden Bilder. Das Gedicht schließt mit einer Art Sich-fallen-Lassen. Mit einem Gebet: »Wer ich auch bin, Du kennst mich, Dein bin ich, o Gott.«

Ist das ein frommer Rückzug, eine Flucht vor der Frage nach mir selber? So könnte man denken, aber ich empfinde eher eine Stärke und einen Schritt voran in diesen letzten Worten. Ein Schritt voran in das Dunkel, in dem ich nicht mehr weiß, wer ich bin. Dietrich Bonhoeffer nimmt dieses Nichtwissen über sich selber an; es gibt Situationen, in denen uns die eigene Identität fraglich wird, undeutlich, verlogen. In solchen dunklen Stunden fangen Menschen zu trinken an oder behandeln sich selber in einer anderen Art als Wegwerfgegenstand. Bonhoeffer betet statt dessen: »Dein bin ich, o Gott.« Der objektivierende Stil tritt zurück, ein Du wird angesprochen. Ich gehöre nicht mir. Meine Identität ist jetzt kein Teil meines Bewußtseins. Ich kenne mich nicht, und ich »lasse« das alles, wie die Mystiker sagen würden. Ich lasse sie fallen: die Bilder der anderen, die mich aufrichten könnten, meine Rollen, die mich als stark ausweisen, aber auch mein Selbstbild, meine Depression. Ich lasse den falschen Trost, das, wie meine Freunde mich vielleicht sehen; aber, was viel schwerer ist, ich lasse auch meine Depression nicht als letztes Urteil zu. Ich gehe aus mir selber fort, ich lasse mich fallen, ich gehöre nicht mir, ich habe mein Leben nicht in der Hand, auch dann nicht, wenn ich in der dunklen Nacht der Selbstverurteilung, der Selbstanalyse und der Depression bin. Es ist eine Hingabe, und das Schwerste ist, auch die eigene Traurigkeit zu geben und zu lassen. Das ist der Punkt, an dem ich anfange zu beten.

Wer bin ich? Ich gebe diese Frage zurück an den, der vor mir da war, an das Geheimnis des Lebens. Das Leben habe ich geliehen, es ist mir einmal geliehen worden, ich habe es nicht in der Hand. Es gibt Situationen, in denen ich mich, meine Identität vergesse. Ich werde namenlos. Aber mein Name ist in das Buch des Lebens geschrieben, wenn auch nicht von mir.

Nach der biblischen Vorstellung ist es so, daß wir alle – in Adam, wie man dann sagt – vom Baum der Erkenntnis gegessen haben und wissen und wissen wollen, was gut und böse ist. Da ist aber noch ein anderer Baum im Garten Gottes, das ist der Baum des Lebens. Von ihm haben wir nicht gegessen; wir haben Erkenntnis, aber kein Leben zu eigen. Wir gehören nicht uns selber. »Dein bin ich« bedeutet: Ich setze nicht mehr auf den Weg der Erkenntnis, sondern warte auf den anderen Baum, ich will von ihm essen.

Erich Fromm schreibt[3]: »Es gibt . . . noch einen anderen Weg, der zur Erschließung des menschlichen Geheimnisses führt; dieser Weg ist nicht der des Nachdenkens, sondern der der Liebe. Liebe ist das aktive Durchdringen einer anderen Person, wodurch der

3 E. Fromm, Das Christusdogma und andere Essays, München 1965, S. 175.

Wunsch nach Erkenntnis durch Vereinigung gestillt wird. Wir haben vom Baum der Erkenntnis gegessen; vom Baum des Lebens können wir nicht einfach essen; nur wenn wir uns mit Gott vereinigen, essen wir von ihm, haben wir Anteil am Leben. In der Vereinigung erkenne ich dich, erkenne ich mich, erkenne ich alle – und ich ›weiß‹ nichts. Ich erfahre auf die einzige Weise, in der dem Menschen Kenntnis des Lebendigen möglich ist – durch Vereinigung. Zur vollen Kenntnis führt einzig der Akt der Liebe, der Denken und Worte übersteigt.«

Um einen solchen Akt der Liebe handelt es sich am Ende des Gedichts, das Bonhoeffer in den Monaten vor seinem Tod schrieb. Worte werden überflüssig, es gibt eine Anrede und ein Schweigen.

Wer bin ich? Wir haben verschiedene Stimmen gehört. »Sheyn bin ich, sheyn«, sagte das kleine Mädchen, von dem ich hoffe, daß wir es alle einmal waren. »Ich bin die Leiche in eurem Keller«, sagte der schwarze Junge aus Harlem. »Ich bin der, der seine Reinheit nicht verkaufen will«, sagte der Student. Bonhoeffer sagt: »Dein bin ich, o Gott.« Vielleicht sind wir in allen diesen Aussagen mit ausgesagt.

Von Sarah Kirsch stammt das Gedicht »Eines Tages«[4]:

»Eines Tages werde ich gewissenlos glücklich sein, da
wird mich die Nachricht erreichen, ich weiß nicht
ob Sommer ob wäßriger Schnee ist, kann sein
ich schäle Kartoffel (versuch ohne
das Messer zu lösen ein Band)

einer wird es vor mir erfahren, er sagt es am
Telefon, möglich ich antworte nicht
lege den Hörer zurück, rauch eine Zigarette

4 S. Kirsch, Landaufenthalt, Berlin und Weimar 1967.

schalte das Radio ein, gieße Blumen
oder ich geh auf die Straße in Läden auf Plätze
um zu bemerken, daß alles wie immer geschieht
die Leute drängen sich vor, anderswo
wird eine Kundgebung organisiert, Mikrofonprobe
der Redner schreibt eine langweilige Rede

an diesem Tag
werde ich Marschmusik lieben und Schalmein
ich warte auf ihn, wenn mich die Nachricht erreicht
der Krieg ist vorbei, die ich nicht meine Brüder
nenne, falln
ein Schwarm Fliegen, mit ihren Flugzeugen, Schiffen,
Kanonen
zurück in ihr Land«

Dieses Gedicht ist ein glückliches und heiter stimmendes Gedicht. Die Frage »Wer bin ich?« wird hier in einer anderen Dimension beantwortet, der der Zukunft, der Utopie, der Hoffnung, des Traums. Es ist einer der ältesten Träume der Menschheit, der hier geträumt wird, der Traum vom Frieden.

»Eines Tages werde ich gewissenlos glücklich sein.« Die Formulierung macht darauf aufmerksam, daß ich früher und bisher zwar auch glücklich war, aber es nicht guten Gewissens sein konnte. Ich wußte doch von Krieg und Elend, auch ins persönliche Glück mischte sich das allgemeine Unglück mit Gewissensbissen ein. Eines Tages wird das anders sein, eine Nachricht wird kommen, mitten in den Alltag hinein. Noch wissen wir nichts über den Inhalt der Nachricht, aber das Glück, das sie bedeutet, wird schon langsam und episch, heiter und im Sprechton, ein bißchen ironisch entfaltet in der Alltagsbeschäftigung: Kartoffeln schälen, telefonieren, rauchen, Blumen gießen . . . friedliche Beschäftigungen, die jetzt ohne Komplexe, ohne Vergessen der Realität, sozusagen unschuldig möglich sind. In diesem Alltag ist die Atmosphäre des Friedens schon da, und dann taucht der Inhalt der Nachricht auf: Der Krieg ist vorbei.

Mir ist es mit diesem Gedicht merkwürdig gegangen. Als ich es kennenlernte, war ich gerade zunehmend verzweifelt über die neue Phase der Aufrüstung. Ich las die schöne Nachricht »Der Krieg ist vorbei« und hatte die Mittelstreckenraketen der Nato im Sinn, die Aufrüstung, zu deren Verschleierung ein neues Wort erfunden wurde, das Nachrüsten. Eines Tages, dachte ich, wird es keine Nato mehr geben. Wir werden in Deutschland niederländische Verhältnisse haben, die Mehrheit des Volkes wird für den Frieden optieren und unseren Krieg, den nämlich, der wirtschaftlich gegen die Hungernden geführt wird, sein lassen. Meine Steuern, träumte ich so, werden für Bewässerungsanlagen und Traktoren für die Armen verwandt. Sarah Kirsch, dachte ich, spricht hier von denen, die die meisten und besten Flugzeuge, Schiffe und Kanonen haben, von uns. Den Ausdruck »die ich nicht meine Brüder nenne« bezog ich auf die, die in Sonntagsreden hier immerzu von Brüdern und Schwestern in der Zone reden . . .

Aber beim Wiederlesen wurde mir meine politische Auslegung fraglich. Sarah Kirsch, aus deren Band »Landaufenthalt« das Gedicht stammt, siedelte 1977 aus der DDR nach West-Berlin über. Sind es vielleicht, dachte ich plötzlich, die Russen, die »ich nicht meine Brüder nenne«? Gehört das Gedicht zu einer Art Widerstandsliteratur? Dann schlug ich nach, daß der Band 1967 erschienen ist, das Gedicht also wohl etwas früher entstanden sein muß. Dieser Zeitpunkt legt es nahe, an Vietnam zu denken. Wie viele Gedichte nach 1965 haben den Vietnamkrieg zum Thema!

Diese politische Mehrdeutigkeit des Textes ist eigentlich ein Vorteil des Gedichts; es bleibt aktuell, der große

Traum vom Frieden ist ja nicht mit dem Ende eines heißen oder kalten Krieges erledigt. Immer noch gibt es Leute, die ich ihrer Flugzeuge, Schiffe und Nuklearbomben wegen nicht meine Brüder nennen möchte.

Wichtig ist mir in unserem Zusammenhang, wie die Frage »Wer bin ich?« hier beantwortet wird. Nämlich nicht nur in der individuellen Dimension. Meine Identität – das sind auch meine Wünsche und Träume: »Wer bin ich?« das ist auch, wer ich sein will, was ich erhoffe.

Vielleicht erfahren wir am meisten über einen Menschen, wenn er uns seine innersten Hoffnungen und Wünsche verrät und so sagt, wie das Glück für ihn oder sie aussieht. Es ist wichtig, zu lernen, daß eine Beschreibung des Glücks, die nichts als eine sonnige Insel für zwei Menschen darstellt, falsch ist, oberflächlich, unmenschlich. Es genügt einfach nicht, Identität individuell zu beschreiben. Ein Mensch, dessen Träume nicht über den Horizont einer Maus hinausgehen, ist sehr teilentwikkelt. Er ist nur in eine von den vier Himmelsrichtungen gegangen, wie die Indianer sagen. Er hat sich von der Richtung des Adlers und des Bären getrennt, er hat sich von den Wünschen der Menschheit, von dem Hunger der Hungernden abgeschnitten. Daß die Mehrzahl der Bürger in unserem Land den Frieden nicht zu ihrem Thema, zu ihrem Wunsch, zu ihrem Gebet und zu ihrer Aktion machen, ist ein grauenvolles Zeichen für psychischen Tod, gerade wenn man die Situation mit der in Holland vergleicht, wo es eine Massenbewegung für den Frieden gibt und Menschen aus den Erfahrungen des Zweiten Weltkriegs etwas gelernt haben. Wir hierzulande haben vergessen und verdrängen gelernt.

Vielleicht stört es den einen oder anderen, daß ich hier nicht mehr leise und meditativ, sondern laut und deutlich werde. Aber ich will mich nicht aufspalten in Frömmigkeit und Politik, beides gehört für mich zusammen. Ich verstehe den Studenten, der zum Athos und nach Nicaragua will, und ich liebe Sarah Kirschs Gedicht, weil es so viel vom Glück weiß. Ich würde es nicht wagen, über Bonhoeffers Mystik zu sprechen, wenn ich nicht in der Tradition seines Kampfes zu leben versuchte.

Ich will mich nicht aufspalten, und ich kann es ebensowenig wie Sarah Kirsch. Das Persönliche *ist* das Politische, selbst die Kartoffeln werden schön geschält, wenn der Krieg erst vorbei ist. Wir warten auf einen neuen Himmel und auf eine neue Erde, und unsere Identität ist dort, wo wir noch nie waren, in der wahren Heimat der Menschen, einer Erde ohne Krieg. »Dein bin ich, o Gott« bedeutet, daß ich mich fallenlassen kann, aber es heißt auch, daß meine Wünsche für mein Leben nicht klein und ängstlich sein müssen, sondern gerade so groß wie die Wünsche und Verheißungen dessen, dem ich gehöre. Gottes Wunsch für uns ist, daß wir zum Werkzeug des Friedens werden bis in unsere Träume hinein, seine Verheißung für uns ist, daß wir alles, was seinem Reich entgegensteht, wegräumen und aus cruise missiles Schulbusse machen.

Wir haben mit einem Kinderlied begonnen, als wir über »Wer bin ich?« nachdachten. Wenn wir die Frage an Kinder richteten und mit ihnen darüber sprächen, so würden wohl viele ihrer Antworten beginnen wie Sarah Kirschs Gedicht: Eines Tages . . . Es wäre zu wünschen, und damit will ich schließen, daß wir alle nie so erwachsen würden, daß wir nicht mehr »eines Tages . . .« sagen, wenn uns jemand fragt: Wer bist du?

Quellennachweise

Macht von unten
Der Beitrag wurde am 25. 12. 1970 im Westdeutschen und Norddeutschen Rundfunk gesendet und für den vorliegenden Band erweitert.

Nur wer frei ist kann Buße tun
Ansprache zum Bußtag 1969 in der Berliner Kongreßhalle, zuerst veröffentlicht in Merkur Nr. 263/März 1970.

Schuld – ein sinnloses Wort?
Der Beitrag wurde am 9. 4. 1971 im Norddeutschen Rundfunk gesendet.

Umgang mit sich selbst
Der Beitrag wurde am 13. 4. 1969 im Südwestfunk gesendet.

Gibt es ein atheistisches Christentum?
Der Beitrag wurde zuerst veröffentlicht in Merkur Nr. 249/Januar 1969.

Der Glaube in einer nachtheistischen Welt
Das Gespräch fand am 7. 12. 1969 in Berlin (Ost) statt und wird unwesentlich gekürzt wiedergegeben.

Christentum und Marxismus
Der Beitrag erschien erstmals in Merkur Nr. 238/Januar–Februar 1968.

Theologie ohne Gott
Das Gespräch wurde am 13. 7. 1969 im Rahmen der Sendung »Zu Protokoll« vom Südwestfunk im Deutschen Fernsehen ausgestrahlt und in Monat Nr. 252/September 1969 abgedruckt.

Das entprivatisierte Gebet
Der Beitrag erschien zuerst in niederländischer Sprache in »Bidden nu« (hrsg. von Peters, Roermond 1971); auf deutsch in »Aktion Politisches Nachtgebet« (hrsg. von U. Seidl und D. Zils, Wuppertal/Düsseldorf 1971).

Vergebung der Sünden
Die Ansprache wurde am 20. 9. 1970 im Rahmen eines ökumenischen Abendgottesdienstes in der Westerkerk in Amsterdam gehalten, wenig entfernt vom Anne-Frank-Haus. Gedruckt erschien der Beitrag zuerst in Heft 1/1971 der Zeitschrift Wissenschaft und Praxis in Kirche und Gesellschaft.

Wer bin ich?
Der Beitrag wurde am 24. 12. 1979 im Süddeutschen Rundfunk gesendet.

Weitere Bücher von Dorothee Sölle im Kreuz Verlag:

Wählt das Leben
2. Auflage (11.–18. Tsd.) 156 S., kt.

»›Das eigentliche Exil Israels in Ägypten war, daß sie es zu ertragen gelernt hatten.‹ Mit diesem rebellischen Spruch eines chassidischen Rabbis beginnt Dorothee Sölle ihre fünf Gastvorträge im theologischen Seminar von Buenos Aires. Christlicher Glaube erfährt so in seinem Alltag erneut die Wirklichkeit des ägyptischen Exils, aus der die Stimme der Wahrheit ihn zum befreienden Exodus ruft: ›Wählt das Leben!‹ Die biblische Losung ist alles andere als bloß erbaulich. Ihr Pathos stammt aus radikaler Entmythologisierung. Wo anonyme Mächte des Menschen Umfeld okkupieren und Leben verfremden, müssen Theologen sich um eine neue Kirche bemühen und so auf sie weisen, daß man auch die Kosten der Nachfolge Jesu erkennt und zahlen will.«
Ernst Käsemann / Die Zeit

Sympathie
Theologisch-politische Traktate
2. Auflage (11.–15.Tsd.) 319 S., kt.

»Diese streitbare Autorin, die nicht nur in der Theologie, sondern auch in der Germanistik zu Hause ist, vermag selbst den reservierten Leser durch ihre intelligente Sprache und einfallsreiche Semantik zu bestricken. Sie denkt zudem gegen den Strich und kann so auch biblische Texte aus engagierter Reflexion neu zum Sprechen bringen und ihnen eine menschliche Aktualität abgewinnen. Alles, was sie schreibt, ist konkret, also auf erlebte Situationen, auf die Begegnungen mit Menschen bezogen.«
Die Zeit

Leiden
Themen der Theologie Ergänzungsband
5. Auflage (24.–28. Tsd.) 223 S., geb.

». . . So wird das Buch, überraschend genug, zu einem Plädoyer gegen die Apathie und für die Leidensfähigkeit; überraschend deshalb, weil die gegenwärtige Tendenz eher auf die Beseitigung des Leidens als auf die Sensibilisierung für widerfahrendes Leid geht.«
Deutsches Allgemeines Sonntagsblatt

Die Hinreise
Zur religiösen Erfahrung – Texte und Überlegungen
4. Auflage (20.–29. Tsd.) 190 S., kt.

»Dorothee Sölles Buch ist ein Plädoyer für eine frömmere Welt. Der Mut, mit dem sie ihr religiöses Angebot präsentiert, kann ihr nicht hoch genug angerechnet werden. Selbst wenn sie Begriffe wie den der Identität und der Totalität, der Kreativität und der Erfahrung, die fast nur noch als Schlagwort existieren, aufgreift, kommt ihr das Verdienst zu, der Theologie jene sinnlich-praktische Dimension zurückgegeben zu haben, von der andere bisher nur geschwärmt haben.«
Neue Zürcher Zeitung

Phantasie und Gehorsam
Überlegungen zu einer künftigen christlichen Ethik
9. Auflage (61.–65. Tsd.) 71 S., kt.

»Ich wüßte nichts, was kritisch Denkenden der jüngeren Generation die Kunde von Christus so attraktiv, so erforschenswert machen könnte, wie das öffentlich theologische Selbstgespräch dieser Frau.«
Frankfurter Allgemeine Zeitung

Kreuz Verlag Stuttgart · Berlin